U0448761

学生国学丛书新编

主编 王宁
顾问 顾德希

国语

叶玉麟 选注
陈晓强 校订

商务印书馆
The Commercial Press

2018年·北京

学生国学丛书新编

主　　编：王　宁
顾　　问：顾德希
特约编辑：刘德水
审 稿 组：党怀兴　董婧宸　凌丽君
　　　　　赵学清　周淑萍　周玉秀

总序之一
——在阅读中走近中华优秀传统文化

王　宁

　　王云五、朱经农主编的《学生国学丛书》，是一套为中学生和社会普及层面阅读古代典籍所做的文言文选本。它隶属在王云五做总主编的《万有文库》之下，1926年开始陆续由商务印书馆出版。20世纪20年代开始策划时，计划出60种，后来逐渐增补，到1948年据说已经出版了90种；因为没有总目，我们现在搜集到的仅有71种。由于今天弘扬中华优秀传统文化和提高文言文阅读能力的社会需要，我们决定对这套丛书进行适应于现代的加工编辑，将它介绍给今天的读者。

　　在推介这套丛书的时候，我们保存了原编的主要面貌：选书与选篇基本不变，将原书绪言保留下来，每篇选文原注所选的注点，也作为这次新编的重要参考。这样做是为了尽量借鉴前贤的一些构思和做法,并保留当时文言文阅读水平的基本面貌,作为今天的参考。

《学生国学丛书》是本着商务印书馆"昌明教育,开启民智"的一贯宗旨编选的,阅读群体应当主要是当时的中学生。20年代的中学生阅读文言文的水平显然比今天高一些,因为那时阅读文言文的社会环境与现在不同,虽然白话文已经通行,但书信、公文、教科书和报刊中,都还保留了不少文言文。国文课的师资,很多也是在国学上有一些根柢的文士。在知识界和语文教育界,文言文阅读还不是什么难事。今天,文言文阅读水平既关系到继承和弘扬中华优秀传统文化的效能,又关系到现代社会总体人文素质的提高,应当达到什么程度最为合适?民国时期是可以作为一个基准线的。

《学生国学丛书》体现了20世纪之初一些爱国的出版家和教育家把中华优秀传统文化传承给下一代的情怀、理想和实干精神。他们策划这套丛书的宗旨和编则,可资借鉴的地方很多,他们的实践经验、教育精神和国学学养值得我们学习的地方也很多。这一点,是我们了解了丛书的主编和40多位编选者的情况后感受到的。

丛书的主编王云五、朱经农,都是我国20世纪初爱国、革新的出版家。王云五主编《万有文库》,开创了我国图书出版平民化的新纪元,体现了新文化运动中普及文化教育的先进思想。《学生国学丛书》是《万有文库》里专门为中学生编选的，目的是将弘扬民族文化精华的理念带入初等教育，这在当时不能不说是有远见的。两位主编不论在反对封建帝制的革命中，还是在民族危难的救国图强斗争中，都有可圈可点的事迹，值得钦佩。与两位主编合作的40多位编写者，多是辛亥革命的参与者和新文化运动的前沿人物。他们熟悉古代文典，对中国文化理解通透，领悟深刻，又有强烈的反封建意识；其中很多都在中小学教育领域里有过丰富的实践经验，教过国文，编过教材，研究过教法。这里有我们十分熟悉的教育家和文学家，如我国现代教育特别是语文教育的领军人物叶绍钧（他后来的名字是叶圣陶），新文化运动的先驱者、中国革命文艺的奠基人之一、著名作家茅盾（他当时的名字是沈德鸿，后来为大家熟悉的姓名是沈雁冰）。这两位，多篇作品都被收入中学语文课本，20世纪50年代以后的老师、同学是无人不知的。其他如著作丰厚、名震一时的藏书家胡怀琛，国学根柢深厚、考据功底极深、《中国人名大辞典》《中国古今地名大辞典》的主要编写人臧励龢，我国语文教育的改革家庄适等。

20世纪初的中国社会，多种文化思潮纷纭杂沓：改良主义者提出"师夷制夷""严祛新旧之名，浑融中外之迹"的折中主张；历史虚无主义者在"全盘西化"的徽帜下将西方的一切甚至文化垃圾照单全收；殖民主义文化论者叫嚣中国道德一律低级粗浅，鼓吹欧洲人生活方式总体文明高超；另一方面，封建复辟野心家的代言人则一味复古，用古代的文化糟粕来抵抗新文化的建构。这些，都对比出爱国的出版家、学问家、教育家既要固本又要创新的理想和实践精神的可贵；也让我们认识了新文化运动及革命文学的前沿人物坚守教育阵地的不懈努力，懂得了他们的编纂意图和深厚学养。保留丛书主要面貌，就是对他们成果的尊重和信任。

随着中华优秀传统文化的广泛传播，随着中小学语文教学改革的深入发展，在读书成为教师、家长和渴求文化的大众普遍要求之时，文言文阅读将会是其中一个重要的内容。有人说，文言只是一种古代的书面语，口语交际和现代文本已经不再使用，我们为什么还要学习文言文呢？在推介这套丛书的时候，我们有必要来回答这个问题。

文言是古代知识分子和正统教育使用的书面语言，具有超越时代、超越方言的特性，因而也同时具有了记载数千年中华民族灿烂文化的主要功能，它是与中华民族文明史共存的。许慎《说文解字叙》说汉字的作用是"前人所以垂后，后人所以识古"，这两句话即是对汉字记录的文言说的。我国历史悠久，文化遗产丰富，用文言记录的历史文献，用文言撰写的文学作品，多到不可计数，只有学习它，才能从古知今，以史为鉴。文言所记录的，不仅是古代社会的典章制度和政治经济，还有先贤哲人的人生经验和思想哲理，让我们看到中华民族一代又一代人的智慧。想想看，如果我们及早领会了古人"斧斤以时入山林"的采伐规则，便不会过度开发建材，造成那么多秃山荒岭，把气候搞得这样糟糕。我们读过也理解了"今之孝者是谓能养。至于犬马，皆能有养。不敬，何以别乎"这段话，就会在对待长者时，把他们的尊严看得和他们的生计同等甚至更加重要！"防民之口甚于防川""水能载舟亦能覆舟"，这是对阻塞言路者多么深刻的警醒。在道德重建的今天，中国传统道德中"己所不欲勿施于人"的利他主义，"爱民""富民""民为重"的民本思想，"以不贪为宝"的清廉品德，"志士不忘在沟壑，勇士不忘丧其元"的大义凛然态度，"吾日三省吾身"的自律精神，"君子怀刑"的守法意识，……这些，即使在今天的一般阅读中，也已经深入人心。可以想见，进入深度阅读后，我们一定会受到更多的启迪，在阅读中产生更多的惊喜。著名的国学大师、革命家和思想家章太炎，1905年7月15日在东京留学生欢迎会上演讲时说："近来有一种欧化主义的人，总说中国人比西洋人所差甚远，所以自甘暴弃，说中国必定灭亡，黄种必定剿灭。因为他不晓得中国的长处，见得别无可爱，就把爱国爱种的心日衰薄一日。若他晓得，我想就是全无心肝的人，那爱国爱种的心，必定风发泉涌，不可遏抑的。"阅读文言文，就是要使我们具有这种文化自信。是的，遗产是有精华也有糟粕的，古代的未必都适合今天；我们只有真正读懂文典，将历史面貌还原，再有了正确的价值观，才能辨析断识，而不是道听途说，更不会受人蛊惑。在这个意义上，文言文阅读作为吸收中华优秀传统文化的必要途径，绝不是可有可无的。

文言文阅读是产生汉语正确语感的一个重要源泉。汉语不是一潭死水，从古到今，不知吸收了多少其他民族的词汇和句法，也曾经夹杂着很多不雅甚至不洁的成分；但是，文言经过数千年的洗涤、锤炼，已经渐渐将切合者融入，不切合者抛弃。经过大浪淘沙、优胜劣汰而能流传至今的美文巨制，会更加显现汉语的特点。而现代汉语刚刚一个世纪，在根柢不深、修养不佳的人们的口语里、文辞中，常常会受外语特别是英语的影响，受不健康的市井俚语的侵染，产出一种杂糅的语言。我们想在运用现代汉语时真正体现出汉语的特点，比如词汇丰富、句短意深、注重韵律、构造灵活等，提高用健康、优美的汉语表达正确、深刻的思想的能力，文言会带给我们一些天然的汉语语感。热爱自己的本国语言，不断提高运用汉字汉语的能力，这是每一个人文化素养中最重要的表现；克服语言西化、杂糅的最好办法，是在学习规范、优美的现代汉语的同时，对文言也有深入的感受和体验。

文言文阅读还是从根本上理解现代汉语的重要条件。人们都认为现代汉语与文言差别很大，初读时甚至感到疏离隔膜、难以逾越。其实，汉语是一种词根语，词汇和语义的传衍非常直接，文言中百分之七十的词汇、词义，在现代汉语的构词法里都能找到。在书面语里，文言单音词的构词能量有时会比口语词更强。经过辗转引用积淀了深厚文化底蕴的典故、成语，成为使用汉语可以撷取的丰富宝库。如果我们对文言一无所知，是很难深入理解现代汉语的。有些人认为，在语文教学中现代文阅读和文言文阅读是两条线，其实，在词汇积累层面上，应该把它们并成一条线。学习文言与学习现代汉语，在积累词汇、理解意义、体验文化、形成语感方面是相辅相成的。

在推介《学生国学丛书》的时候，我们也有另外一重考虑。这套丛书毕竟经过了将近一个世纪，时代和社会都发生了根本的变化，我们有了更加明确的核心价值观和适应于现代的审美意识，语言、文字、文学、文献、教育都有了更新的研究成果，对丛书进行适度的改编，也是绝对必要的。所以，这次新编，我们主要做了五项

总序之一

工作：第一，为了今天在校学生和普通读者阅读的方便，改竖排为横排，标点符号也随之改为现代横排的规范样式。第二，变繁体字为简化字，在繁简转换的过程中，对在文言文语境中有可能产生意义混淆的用字，做了合理的处理。第三，采用今天所见较好的古籍版本对原书的选文进行了审校，订正了文句的错、讹、脱、衍。第四，对原书的注释进行了修改、加工、调整，使注释更加准确、易懂，对地名和名物词的解释，也补充了最新的资料。第五，撰写了新编导言，放在原书绪言的前面。原编者和新编者对同一部书和同一篇文的看法，或所见略同，或相辅相成，或角度各异，或存在分歧，都能促进阅读者的思考和讨论，引发延展性学习，带动更多篇目和整本书的阅读。

《学生国学丛书》本来是一套开放的丛书，我们还会根据教学和读者的需要，补充一些当时没有被选入的优秀古代典籍的选本，使新编的丛书不断丰富。

我国每年有将近两亿的青少年步入基础教育，一个孩子有不止一位家长，这是一个多么庞大的读书群体。将一个世纪以前的《学生国学丛书》通过新编激活，让它走进一个新的时代，更好地发挥它在语文教育和弘扬我国优秀传统文化中的作用，这是我们之所愿，也希望能使编写这套书的前辈们夙愿得偿。

总序之二
——植入健康的文化基因

顾德希

优秀的传统文化是中国人的精神家园。学生多读些国学典籍，将有助于把优秀传统文化的基因植入肌体。王宁老师的"总序"，对本丛书的这一编辑意图已有深入全面的阐释，我打算就如何阅读这套丛书，或者说如何阅读文言文，做些补充性说明。

这套丛书的每一本，都专门写了新编导言。这是今日读者和原书连接的桥梁。人们常把桥梁喻为过河的"方法"，所以也可以说，新编导言之所谓"导"，就是力图为各类学生和更多读者提供一些阅读的方法。

这套丛书有好几十本，都是极有价值又有相当难度的国学经典，如不讲究阅读方法，编辑意图的实现会大打折扣。但这些经典差异性很大，《楚辞》和《庄子》的阅读肯定很不同,《国语》和《周姜词》的阅读方法差别就更大,即使同是词,读《苏辛词》与《周姜词》也不宜用完全相同的方法。因此本丛书新编导言所提供的阅读方法,针对性很强,因书而异。但异中有同,某些共性的方法甚至更为重要。不过,这些共性的方法渗透在每一篇导言中,未必能引起足够重视。下面,我想谈谈文言文阅读的四个具有共性的方法。

一、了解作者和相关背景,了解每本书的概貌,对每本书的阅读都很重要,这毋庸置疑。但一般读者了解这类相关知识,目的仅在于走近这本书。因而涉及作者、背景、概貌等,导言中一般不罗列专业性强的知识,而诉诸比较精要的常识性叙述。比如对《吕氏春秋》作者吕不韦,并没有全面介绍,也没有像过去那样从伦理道德上对这个历史人物加以贬抑,而只侧重叙述了他作为政治家的特点,因为明乎此便很有助于了解《吕氏春秋》。又如《世说新语》的成书背景有其特殊性,也需要了解,但限于篇幅,叙述的浓缩度很大。凡此种种必要的常识,新编导言里一般是点到为止,只要细心些,便不难从中获得多少不等的启发。兴趣浓厚者,查找相关知识也很容易。

二、借助注解疏通文本大意之后,就要反复诵读。某些陌生的词句,更要反复诵读。一句话即使反复诵读二十遍也用不了两三分钟，但这两三分钟却非常重要。

"诵读"是出声音的读，但并不是朗诵。大家所熟悉的现代文朗诵，不完全适用于文言诗文。朗诵往往是读给别人听，诵读却是读给自己听。古人所谓"吟咏"，是适合于当时人自己感悟的一种诵读。今天的诵读，用普通话即可，节奏、抑扬、强弱、缓急，都无客观规定性，可随自己的感受适当处理。如果阅读文言文而忽略了诵读，效果至少打一个对折。不念出声音的默读，是只借助视觉器官去感知；出声音的诵读，是把视觉、听觉都动员起来的感知，其所"感"之强弱不言而喻。而且一旦读出声音，就让声带、口腔等诸多器官的运动参与进来了，凡诉诸运动器官的记忆，最容易长久。会骑车的人，多年不骑，一登上车还是会骑。因为骑车的感觉是一种运动记忆。文言语感的牢固形成与此类似。古人所谓"心到、眼到、口到"之说，实在是高效形成文言语感的极好方法。不管是成篇诵读，片段诵读，还是陌生词句的反复诵读，都是提升文言文阅读能力的好办法。本丛书的每一篇新编导言并未反复强调"诵读"，但各种阅读建议无不与某些片段的反复读相关。既读，就要"诵"，这是文言文阅读的根本方法。

三、应用。这是与文言翻译相对而言的。把文言文阅读的重点放在"翻译"上，副作用很多。一是不可避免信息的丢失。概念意义、情味意蕴，都会丢失。课堂教学中让学生把一篇文言文从头到尾"对号入座"地搞翻译，是文言教学中的无奈之举。一句一句，斤斤计较于文言句法词法和现代汉语的异同，结果学生的诵读时间没有了，刻意去记的往往是别别扭扭的"译文"，而精彩的原文反倒印象模糊，这不是买椟还珠吗！所以，在疏通大意、反复诵读的同时，一定要重视"应用"。应用，就是把某些文言词句直接"拿来"，用在自己的话语当中。比如，在复述大意时，在谈阅读感受理解时，不妨直接援引几句原话。如果能把原文中的某些语句就像说自己的话一样，自然而然地穿插到自己的述说中，那就是极好的应用。本丛书新编导言中援引原作并有所点评、有所串释、有所生发之处很多，但绝不搞对号入座的翻译，这不妨看作文言文阅读方法的一种示范。新编导言中有很多建议，要求结合作品谈个什么问题，探究个什么问题，都不同程度地含有这种"应用"的要求。

四、坚持自学。这套丛书，为学生自学文言文敞开了大门。学生文言文阅读的状况永远会参差不齐。同一个班的高中生，有的已把《资治通鉴》读过一遍，有的能写出相当顺畅的文言文，但也有的却把"过秦论"读成"过奏论"，这是常态。只靠面对几十个人的文言课堂讲授，几乎不可能使之迅速均衡起来。只有积极倡导自主性学习，才可能有效提高教学质量。本丛书的新编导言，高度重视对文言自学的引导。每篇新编导言都就怎样去读提出许多建议。这些建议有难有易，不是要求每一个人全都照着去做。能飞的飞，能跑的跑，快走不了的慢走也很好。新编导言在"导"的问题上，从不同层次上提出不同建议，相信各类学生都能找到适合自己的要求。只要选择适合自己或者自己感兴趣的要求，坚持不懈去"读"，去"用"，文言文的自学一定会出现令人惊喜的成果。从这个意义上说，本丛书的每一本，都是适合于各类读者自学国学经典的好读本。每一本中经过精心处理的注解，是自学的好帮手；而每一篇新编导言，又都可对自学起到切实的引导作用。只要方法对，策略恰当，那么这套丛书肯定能帮助我们有效提高文言文阅读水平。

目前，在深化高中语文课改的大背景下，很多学校高度重视突破过去那种一篇篇细讲课文的单一教学模式，开始重视"任务群"的学习，重视整本书的阅读，重视选修课的开设，重视校本课程的建设。在这样的大背景下，如果学校打算从本丛书中选用几本当作加强国学教育的校本教材，那么"新编导言"对使用这本书的教师来说，也可起到某种"桥梁"作用。

不管用一本什么书来组织学生学习，都必须对学生怎样读这本书有恰当引导。这是提高教学质量的一定不移之理。恰当的引导，要有助于各类学生更好地进入这本书的阅读，要有助于各类学生更好地开展自主性学习，要使之在文本阅读中进行有益的探究，并获得成功的喜悦。为了使新编导言的"导"能起到这样的作用，本丛书专门组织了多位一线优秀教师先期进入阅读，并把成功教学经验融入新编导言。因此，我们有理由相信，新编导言可以成为组织学生学习活动的有益借鉴。导言中结合具体作品对阅读所做的那些启发、引导，针对不同水平读者分层提出的那些建议，都将有助于教师结合自己学生的实际情况进一步拟出付诸实施的具体导学方案。

我相信，只要阅读文言文的方法恰当，只要各类读者从实际情况出发，循序渐进地学，优秀传统文化的基因就一定能更好地植入肌体。

目　录

新编导言 …………………………………………… *1*

原书绪言 …………………………………………… *9*

周语第一

穆王将征犬戎 ………………………………… *11*

恭王游于泾上 ………………………………… *16*

厉王虐国人谤王 ……………………………… *17*

鲁武公以括与戏见王 ………………………… *20*

晋文公既定襄王于郏 ………………………… *21*

秦师将袭郑 …………………………………… *24*

景王将铸大钱 ………………………………… *26*

景王既杀下门子 ……………………………… *29*

鲁语第二

鲁饥 …………………………………………… *31*

莒太子仆弑纪公 ······································ *33*

季文子相宣成 ·· *35*

季桓子穿井 ·· *36*

季康子问于公父文伯之母 ······························ *37*

公父文伯之母如季氏 ·································· *37*

公父文伯退朝 ·· *38*

公父文伯之母 ·· *40*

齐语第三

桓公欲从事于诸侯 ···································· *41*

桓公问 ·· *42*

晋语第四

武公伐翼 ·· *44*

献公伐骊戎 ·· *45*

献公田 ·· *48*

公作二军 ·· *49*

优施教骊姬夜半而泣 ·································· *53*

反自稷桑 ·· *56*

惠公入而背外内之赂 ·································· *60*

元年春 ·················· 61
文公问于郭偃 ············ 63
文公问于胥臣 ············ 64
臼季使舍于冀野 ·········· 67
阳处父如卫 ·············· 68
宋人弑昭公 ·············· 70
范文子暮退于朝 ·········· 72
赵文子冠 ················ 73
悼公与司马侯升台 ········ 76
叔鱼生 ·················· 77
平公射鴳不死 ············ 78
赵文子为室 ·············· 79
叔向见韩宣子 ············ 80
范献子聘于鲁 ············ 82
董叔将娶于范氏 ·········· 82
梗阳人有狱 ·············· 83
赵简子叹 ················ 84
智宣子将以瑶为后 ········ 85
智襄子为室美 ············ 86
还自卫 ·················· 87

郑语第五
    桓公为司徒 ·················· *89*

楚语第六
    屈到嗜芰 ·················· *105*
    左史倚相廷见申公子亹 ·················· *106*
    司马子期欲以妾为内子 ·················· *109*
    蓝且廷见令尹子常 ·················· *110*

吴语第七
    吴王夫差既许越成 ·················· *114*
    吴王还自伐齐 ·················· *117*
    吴王夫差既杀申胥 ·················· *120*

越语第八
    越王勾践栖于会稽之上 ·················· *124*

新编导言

《国语》是先秦的一部"国别史",汇集了春秋时期周王室及鲁、齐、晋、郑、楚、吴、越等诸侯国的历史文献资料。关于周王室,则还涉及春秋以前事。

《国语》虽称"国别史",其实特色不在记史,也不在国别,而在"语"。这本书的特征,是以事为辅、以语为本,重点记载了王侯卿士大夫对治国理政问题的见解、议论。《国语·楚语》记载了大夫申叔时谈及教育的话:"教之春秋,而为之耸善而抑恶焉,以戒劝其心;……教之诗,而为之导广显德,以耀明其志;……教之语,使明其德,而知先王之务用明德于民也。"这说明"语"是楚国王公贵族子弟需要学习的文献典籍之一,其地位与"春秋""诗"等相提并论,可见其重要性。楚国有"语",周王室和其他诸侯国也有各自的"语",于是就有"周语""鲁语""齐语"等。战国时期,熟悉各国史料的史官,把所掌握的各国之"语"按国别编为一书,遂成《国语》。

关于《国语》的性质,汉代学者普遍认为它是"《春秋》外传"。所谓"外传",是相对于"内传"(即《左传》)而言的。《国语》所记载的历史范围,最早为周穆王伐犬戎,最晚为公元前473年越灭吴。《国语》记载的历史时期与《左传》大致相同,所载历史事件又与《左传》密切相关。《左传》以解经为主,故称"《春秋》内传";而《国语》则"其文不主于经,故号曰'外传'"(韦昭《国语解叙》)。这说明,《国语》与《左传》区别很大。《国语》的内容主要是一些政治人物分散的言论,其所涉及的历史事件,相互间缺乏历史演进的线性关联,这与《春秋》的编年记事完全不同。经历代学者的辩驳,特别是近现代以来儒家经学的尊崇地位被破除,今人已不再相信所谓"内传""外传"的说法,《国语》已经被看作一部独立的重要历史文献。

《国语》分《周语》《鲁语》《齐语》《晋语》《郑语》《楚语》《吴语》《越语》八个部分。八"语"所占比例不一,侧重点也不同。《晋语》九卷,较完整地记载了武公并晋、骊姬之乱、文公称霸一直到"三家分晋"的政治史。《周语》三卷,记载了西周穆王、厉王直至东周敬王时的部分大事。《鲁语》二卷,主要记鲁国上层社会一些人物的言行。《楚语》二卷,主要记灵王、昭王时的事件。《越语》二卷,记勾践灭吴。《齐语》一卷,记管仲辅桓公称霸。《吴语》一卷,记夫差伐越和吴国灭亡。《郑语》一卷,记事最少,仅记周太史论西周末年天下大势。

由于史料来源不同,《国语》的思想比较驳杂。《周语》《鲁语》近儒家;《齐语》记管仲霸术,近法家;《越语》记范蠡顺应天道、地道、人道,近道家;《晋语》部分言论讲机变权谋,近纵横家。战国时期"百家争鸣",各学派的思想差不多都可从《国语》中找到痕迹。但从《国语》编者对史料的取舍和事件的评判看,民本思想是其主要倾向。春秋战国时期,铁制农具的出现及推广,大大提高了生产力,引发生产关系和政治制度大动荡,形成所谓"礼崩乐坏"的局面。社会剧变的严酷现实,使一批有识之士意识到"民"的力量关乎天下兴亡,这导致了人们的思想观念由"天道"向"人道"的转变。在《国语》中,尽管还可看到"天""神"的存在,但这里的"天意"因民意而定,民本思想才是其实质内容。《国语》的民本思想倾向,正是春秋战国时期社会基本思想的反映。

《国语》是一部有独立思想价值的史学名著。三国时代的韦昭在《国语解叙》中,称誉《国语》作者"明识高远",采辑"邦国成败、嘉言善语"以为《国语》,点明了《国语》的精华所在。例如《周语》,记穆王不修德政、炫耀兵力,结果失去周边少数民族的归附;记厉王监谤,结果被人民流放:这些是失败的教训。而《齐语》记齐桓公重用贤才,征伐强暴,扶助弱小，一匡天下，则是成功的经验。《国语》充分发挥了史书"以史为鉴"的功能，其中的"嘉言善语"，堪称珍贵的历史智慧，在今天仍有深刻的启示作用。

《国语》在文学史上有重要意义。它将记言与记事紧密结合，丰富了先秦散文的叙事方式。对过程曲折、头绪纷繁的事件，能有条不紊地进行多角度、多层面叙述。例如《晋语》讲"骊姬之乱"，时间跨度长、涉及人物多，但作者游刃有余地组织材料，将这一事件的起因、经过、结果，具体、清晰地展现出来，读之使人惊心动魄。《国语》的文风虽然并不统一，但亦可称多姿多彩。朱彝尊的《经义考》中引陶望龄的说法："《国语》一书，深厚浑朴，《周》《鲁》尚矣。《周语》辞胜事，《晋语》事胜辞……如其妙理玮辞，骤读之而心惊，潜玩之而味永，还须以《越语》压卷。"这说明《国语》异彩纷呈的文笔，对后世散文确乎产生了深远的影响。

现代人怎样读《国语》？这是初学者很关心的问题。

叶玉麟先生在这个选本"绪言"中有八个字说得好。他指出，初读者要"究观终始，抉择幽眇"，即初读者要大体弄清每个故事的来龙去脉，并注意提取其中精深微妙的内涵。

例如《鲁语》"季文子相宣成"，是个典型的小故事，说的是季文子在鲁宣公、鲁成公两朝为"相"，可是他"无衣帛之妾，无食粟之马"。这让一位"官二代"种孙它看不下去了，就劝说季文子，这遭到季文子的严肃反驳和批评。种孙它不服，回家把经过告诉父亲。他父亲却立即把他拘起来，关了七天。种孙它深刻自省，从此也"无衣帛之妾，无食粟之马"了。季文子认为种孙它"过而能改"，就举荐他当"上大夫"。

这个故事值得提取的"幽眇"就很不少。季文子反驳种孙它的那些话就颇耐深思，如"人之父兄食粗衣恶，而我美妾与马，无乃非相人乎"，如"吾闻以德荣为国华，不闻以妾与马"，这些掷地有声的话语，实在值得今天很多人反复寻味。又如，"官二代"种孙它的"家风"可谓极严。他父亲认为他错误严重，就关他七天禁闭，令其反思。看来鲁国"精英"阶层确乎有严格家教。再是季文子两朝为相，受特殊信任，那么他对鲁国的忠心表现在哪儿？除"无衣帛之妾，无食粟之马"的勤俭之外，在观察人、任用人方面，值得我们深思的东西也颇不少啊。

又例如上文的姊妹篇"莒太子仆弑纪公"，记述鲁太史里革冒杀头之罪，更改了国君的诏书，坚决惩处弑父的莒太子，为的是不使国君蒙上恶名。里革这种勇于担当、不怕牺牲的精神，真可谓坚守道义的典范。鲁国是小国，而且国君的毛病不少，例如因贪图宝玉而下达优待莒太子的诏书，但鲁国在春秋之际能受到尊重，不能说与其"精英"阶层尊贤尚义无关。

再例如《郑语》中"桓公为司徒"一篇,这是《国语》中少见的长文。故事很简单,全文记述的只是史伯回答郑伯友"何所可以逃死"的追问,而其"幽眇"恰在史伯对这个问题的议论中。史伯对当时各诸侯国的政治、经济、地理、历史及民风,如数家珍,在那文献资料匮乏的时代,史伯具有何等惊人的眼光啊!而更精彩的是,他提出了"和实生物,同则不继"的命题。"和"是指事物多样性的统一,"同"是指无差别性的单一事物,如果此事物不与彼事物相"和",就不能产生出新的事物来。史伯认为,西周所以行将灭亡,原因是周王"去和而取同",即排斥直言进谏者而宠信与自己苟同的小人。史伯大概是第一个区别"和"与"同"概念的人。他认为不同的事物互相结合才能产生百物,如果同上加同,不仅不能产生新事物,而且世间的一切也就变得平淡无味,没有生气了。史伯是西周末年人,他的话无疑是见诸文献最早的朴素的辩证观点。经过这番"抉择幽眇",我们不是认识了一位比老子、孔子还早二百多年的杰出思想家吗!

类似这样值得"抉择幽眇"的精彩故事和议论还有很多。如"穆王将征犬戎""厉王虐国人谤王""桓公欲从事于诸侯""范文子暮退于朝""司马侯举羊舌肸""叔向贺贫""梗阳人有狱""屈建去芰""夫差许越伐齐""勾践用文种"等,都是脍炙人口的名篇。

《国语》中的深刻人文内涵,凝聚在许多名言警句中,如

"防民之口，甚于防川""忧德不忧贫"等，言简意丰，应用至今；稍长一点的名句如"君子以为易，其难也将至矣；君子以为难，其易也将至焉""人之有学也，犹木之有枝叶也。木有枝叶，犹庇荫人，而况君子之学乎""哀无人，不哀无贿；哀无德，不哀无宠；哀名之不令，不哀年之不登""夫天之所弃，必骤近其小喜，而远其大忧"等，这样的名言警句几乎在在皆是，都值得反复玩味。

读《国语》，如能静下心来，借助注释"究观终始"，然后反复诵读，深加品味，那么"抉择幽眇"的乐趣便会油然而生。

原书绪言

汉郑众作《国语章句》，贾逵著《解诂》；其后有王肃《章句》，虞翻、唐固、韦昭，并传《注释》；以及孔晁之《春秋外传》，宋庠之《补音》，尚矣。清季，如王引之、汪中、段玉裁、钱大昕、惠周惕、陈奂、黄丕烈之《札记》，姚鼐之《补注》。或二十一篇，或二十二卷，醇驳互见，然今世唯韦书盛行。爰捃摭诸家，撷其粹美，采其精懿，而补苴之。其纷歧讹舛不一者，从而折衷之。校雠竟，为弁言冠首。

论曰：衰周之世，道术荡灭，宣圣西观周室，论史记旧闻，而次《春秋》。左丘明采世成败，上自周穆王，下至鲁悼公，综周、鲁、齐、晋、郑、楚、吴、越八国之史乘，为《国语》。韦氏序之，以谓"包罗天地，探测祸福，发起幽微，章表善恶者，昭然甚明，实与经艺并陈，非特诸子之伦也。遭秦之乱，幽而复光，贾生、史迁，颇综述焉"。昭洵能发明左氏微意矣。

是故究观终始，抉择幽眇，可约举其旨趣焉。其中若祭公谏穆王，邵公告厉王，见周室之危殆；晋文请隧，见诸侯僭侈；季文子妾不衣帛、马不食粟，文伯母效绩，见勤俭兴治；与康子阛门言，明男女之别；管子对桓公，游聘召贤，甲盾金矢赎罪，明齐致霸；郭偃对文公，史伯对桓公，明晋、郑之兴。至若武子击范文子，明尊卑也；胥臣举冀缺，司马侯举羊舌肸，昭荐贤也；叔向讽平公，赵文子因张老止砻斫，叔向贺贫，范文子问具敖，魏献子辞梗阳，贤者改过之风也。又若屈建去芰，违命合道；夫差许越伐齐，申胥鸱夷沉江，吴遂以亡；勾践用文种，葬死问伤，人民以蕃，越遂以霸。览观当世之事，考镜得失，知盛衰之由矣。

故有《内传》，而述圣尊王之义明；有《外传》，而列邦之时势与政教废兴之迹著。虽嬴秦焚坑煨缺，至乎汉，而有贾、董、郑众崛起，湛深经术，蔚为文景之郅治。岂非贤圣道统相承，递嬗流衍之功烈也哉！方今文学凋弊，深瞩世变，亟思补救之方，学者于训义章句，固不容忽；亦毋庸循经生积习，侈谈汉儒家法，转茫昧经旨也。索居黯陋，又自恧，鲜所发明，姑备学者扬榷云尔。

叶玉麟

一九三三年三月

周语第一

穆王将征犬戎

穆王将征犬戎,①祭公谋父②谏曰:"不可。先王耀德不观兵。③夫兵戢而时动,动则威;④观则玩,玩则无震。⑤是故周文公之《颂》曰:⑥'载戢

---

① 穆王,名满,昭王之子,康王之孙。征者,正也,上讨下之称。犬戎,即畎夷,一作昆夷,在今陕西凤翔县北。
② 祭,zhài。父,fǔ。祭,国名。谋父,祭公之字,为王卿士。今河南郑州市郑东新区有祭伯城遗址。
③ 耀,明。观,示。明德,尚道化。不示兵者,有大罪恶,然后致诛,不以小小示威武也。
④ 戢,聚。威,畏。时动,因时而动。
⑤ 玩,黩。震,惧。
⑥ 周文公,周公旦之谥。《颂》,《时迈》之诗;武王克商,周公为作此诗,巡守告祭之乐歌。

干戈，载櫜弓矢。①我求懿德，肆于时夏，②允王保之。③'先王之于民也，懋④正其德，而厚其性⑤；阜其财求，⑥而利其器用⑦。明利害之乡，⑧以文⑨修之；使务利而避害，怀德而畏威，故能保世以滋大。⑩

"昔我先王世后稷，⑪以服事虞、夏。⑫及夏之衰也，弃稷不务，⑬我先王不窋，用失其官，⑭而自窜于

---

① 载，则。干，楯。戈，形似戟，直刃旁有小刃横出平向者。櫜，gāo，韬。言天下已定，聚敛其干戈，韬藏其弓矢，示不复用。
② 懿，美。肆，陈。时，是。夏，大。言武王常求美德，故陈其功，于是夏而歌之。乐章大者曰夏。
③ 允，信。信武王能保此时夏之美。
④ 懋，勉。
⑤ 性，情性。
⑥ 阜，大。大其财求，不障壅。
⑦ 器，兵甲。用，耒耜之属。
⑧ 乡，xiàng，通"向"，方向。示之以好恶。
⑨ 文，谓礼法。
⑩ 保，守。滋，益。
⑪ 后，君。稷，田正。父子相继曰世，谓弃与不窋。按：万历闵氏本、储本此句皆作"昔我先世后稷"，非是。今依明道本多一"王"字。
⑫ 谓弃为舜稷官，其子不窋为夏稷官。
⑬ 谓夏帝太康，废弃稷官，不务农事。
⑭ 窋，zhú。太康废稷官，故不窋因之亦失其官职。

周语第一

戎狄之间。①不敢怠业,②时序其德,纂修其绪,③修其训典,④朝夕恪勤,守以敦笃,奉以忠信,奕世载德,不忝前人。⑤至于武王⑥,昭前之光明,而加之以慈和,事神保⑦民,莫弗欣喜。商王帝辛,⑧大恶于民,⑨庶民不忍,⑩欣戴武王,⑪以致戎于商牧。⑫是先王非务武也,勤恤民隐而除其害也。⑬

"夫先王之制:邦内甸服,⑭邦外侯服,⑮侯卫

① 窜,匿。不窜失官,乃归处于邰。邰,在今陕西武功县南,古戎狄地,故云。
② 谓犹不敢懈怠其事业。
③ 纂,继。绪,事。
④ 训,教。典,法。修其教训法制。
⑤ 奕世,累世。载,成。忝,辱。
⑥ 武王,文王子,名发。
⑦ 保,养。
⑧ 商王纣,帝乙之子,名辛。
⑨ 恶,wù。谓大为众民所恶。
⑩ 忍,耐。谓庶民不复能耐纣之暴虐。
⑪ 戴,奉。欢欣奉戴武王。
⑫ 戎,兵戎。商牧,商郊牧野,今河南卫辉市是其地。
⑬ 恤,忧。隐,痛。言先王非专务武事,在忧恤民之痛苦,而为之除害。
⑭ 邦内,天子邦畿之内,千里之地也。《诗·商颂·玄鸟》曰:"邦畿千里,维民所止。"甸,王田。服,服其职业。《书·禹贡》曰:"五百里甸服。"孔安国传曰:"规方千里之内,谓之甸服,为天子服治田,去王城面五百里。"
⑮ 邦畿之外五百里,曰侯服。《书·禹贡》曰:"五百里侯服。"侯,候也;主为斥候,而服事天子。

宾服，①夷蛮要服，②戎狄荒服。③甸服者祭④，侯服者祀⑤，宾服者享⑥，要服者贡，⑦荒服者王⑧。日祭，⑨月祀，⑩时享，⑪岁贡，⑫终王。⑬先王之训也，有不祭则

---

① 此总言之。侯，侯圻。圻，qí，界。卫，卫圻。言自侯圻、甸圻、男圻、采圻以至卫圻，凡五圻。圻各五百里，共二千五百里，皆中国之界。谓之宾服，以其常以服贡宾见于王。
② 蛮，蛮圻。夷，夷圻。蛮圻在卫圻之外，去王城三千五百里，九州之界也。夷圻去王城四千里。谓之要服，要者，要结好信，而服从也。按：各本多作"蛮夷要服"，今依明道本作"夷蛮"。
③ 戎狄，去王城四千五百里，至五千里。四千五百里为镇圻，五千里为蕃圻。在九州之外，荒裔之地，与戎狄同俗，故谓之荒，荒忽无常之言。
④ 祭，供日祭。
⑤ 祀，供月祀。
⑥ 享，供时享。享，献。《周礼》：甸圻二岁而见，男圻三岁而见，采圻四岁而见，卫圻五岁而见。其见也，必以所贡助祭于庙。即《孝经》所谓"四海之内，各以其职来祭"者也。
⑦ 贡，供岁贡。要服，六岁而一见。
⑧ 王，王事天子。《周礼》：九州之外，谓之蕃国，世一见，各以其所贵宝为贽。《诗·商颂·殷武》云："自彼氐羌，莫敢不来享，莫敢不来王。"氐，dī；羌，qiāng；皆西戎种名。
⑨ 日祭，祭于祖考。谓上食也。
⑩ 月祀于曾、高。
⑪ 时享于二祧。祧，tiāo，诸侯以始祖之庙为祧。
⑫ 岁贡于坛墠。墠，shàn。坛墠，祭场。
⑬ 终谓终世，朝嗣王及即位而来见。

周语第一

修意，①有不祀则修言②，有不享则修文③，有不贡则修名④，有不王则修德。⑤序成而有不至则修刑。⑥于是乎有刑不祭，伐不祀，征不享，让⑦不贡，告不王。⑧于是乎有刑罚之辟，⑨有攻伐之兵，⑩有征讨之备，⑪有威让之令，⑫有文告之辞。⑬布令陈辞而又不至，则增修于德，而无勤民于远。⑭是以近无不听，远无不服。今自大毕、伯仕之终也，⑮犬戎氏以其职来王。⑯天子

---

① 意，志意。谓邦国之内，有违阙不供日祭者，先修志意以自责。圻内近，知王意。
② 言，谓号令。
③ 文，谓典法。
④ 名，谓尊卑职贡之名号。
⑤ 远人不服，则修文德以来之。
⑥ 谓上五者次序已成，而有不至，则有刑诛。
⑦ 让，谴责。
⑧ 谓以文辞告晓之。地远者罪轻。
⑨ 刑其不祭。
⑩ 伐其不祀。
⑪ 征其不享。
⑫ 让其不贡。
⑬ 告其不王。
⑭ 勤，劳。无烦劳民于远。
⑮ 大毕、伯仕，犬戎氏之二君。终，卒。
⑯ 谓其嗣子以其贵宝来见王。

曰：'予必以不享征之，且观之兵。'①其无乃废先王之训，而王几顿②乎！吾闻夫犬戎树惇，③帅旧德而守终纯固，④其有以御⑤我矣。"王不听，遂征之，得四白狼四白鹿以归。⑥自是荒服者不至。⑦

恭王游于泾上

恭王游于泾上，⑧密康公⑨从，有三女奔之。⑩其母曰："必致之于王。⑪夫兽三为群，⑫人三为众，女

---

① 享，宾服之礼。以不享责犬戎，而示之兵法也。
② 几，危。顿，败。
③ 树，立。言犬戎立性惇朴。或曰：树惇，犬戎王名。
④ 帅，循。纯，专。固，一。言犬戎循先王之旧德，天性专一。
⑤ 御，距。
⑥ 白狼、白鹿，犬戎所贡。
⑦ 穆王责犬戎以非礼，暴兵露师，伤威毁信，故荒服者不至。
⑧ 恭王，名繄扈，穆王之子，在位十二年。泾，水名，其源出于宁夏泾源县西南大关山，东流经平凉，入陕西彬县，至高陵县，与渭水合。
⑨ 密，姞姓。康公，密国之君。
⑩ 三女，与康公同姓。奔，私奔不由媒氏。
⑪ 母，康公母，姓隗氏。康公之母欲使进于王。
⑫ 自三以上为群。

三为粲①。王田不取群,②公行下众,③王御不参一族。④夫粲,美之物也,众以美物归女⑤,而何德以堪⑥之。王犹不堪,况尔小丑乎?⑦小丑备物,终必亡!⑧"康公不献。一年,王灭密。

厉王虐国人谤王

厉王⑨虐,国人谤⑩王。邵公⑪告曰:"民不堪命矣!⑫"王怒,得卫巫,使监谤者,⑬以告,则杀之。⑭

① 粲,美貌。
② 田,田猎。言王之田猎不尽群。
③ 公,诸侯。下众,不敢诬众。《礼》曰:国君下卿位,遇众则式,礼也。
④ 御,妇官。参,三。一族,父子。王之妇官,取诸异姓以备三,不参一族。
⑤ 女,同"汝"。
⑥ 堪,任。
⑦ 丑,类。言王者至尊,犹且不堪,况尔小人之类乎。
⑧ 言德小而物备,终取之必以亡。
⑨ 厉王,名胡,恭王之曾孙,夷王之子。
⑩ 谤,诽。
⑪ 邵公,邵康公之孙,穆公虎。为王之卿士。
⑫ 言民不堪其暴虐之政令。
⑬ 卫巫,卫国之巫。以巫有神灵,有谤者知之,故使之监察。
⑭ 巫言谤王,王则杀之。

国人莫敢言，道路以目。^①王喜，告邵公曰："吾能弭^②谤矣，乃不敢言。"邵公曰："是障^③之也。防民之口，甚于防川。^④川壅而溃，伤人必多。^⑤民亦如之。是故为川者决之使导，^⑥为民者宣之使言。^⑦

"故天子听政，使公卿至于列士献诗，^⑧瞽献曲，^⑨史献书，^⑩师箴，^⑪瞍赋，^⑫矇诵，^⑬百工谏，^⑭庶人

---

① 言道路之人，不敢发言，以目相眄而已。
② 弭，止。
③ 障，防。
④ 流者曰川。言川犹不可防，而民之口又甚焉。
⑤ 言川之壅塞而溃决，必害于人。
⑥ 为，治。决，去其壅塞。导，通。言治川者，去其壅塞，使通行。
⑦ 宣，犹放。观民所言，以知得失。
⑧ 列士，上士。献诗，以讽上。
⑨ 瞽，gǔ，无目曰瞽。瞽，乐师。曲，乐曲。按：今本"曲"皆作"典"，非是。
⑩ 史，外史。《周礼》：外史"掌三皇五帝之书"。
⑪ 师，少师。箴，箴刺王阙，以正得失。《左传》襄十四年："工诵箴谏。"
⑫ 瞍，sǒu，无眸子曰瞍。赋公卿列士所献诗。
⑬ 矇，méng，有眸子而无见曰矇。矇，即今青盲。矇，主弦歌讽诵，以箴谏。
⑭ 《周礼》："审曲面势，以饬五材，以辨民器，谓之百工。"百工，执技以事上者。谏者，执艺事以谏，谓若匠师庆谏鲁庄公丹楹刻桷。楹，yíng，柱。桷，jué，屋椽。

周语第一

传语，①近臣尽规，②亲戚补察，③瞽史教诲，④耆艾修之，⑤而后王斟酌⑥焉，是以事行而不悖⑦。

"民之有口，犹土之有山川也，财用于是乎出；⑧犹其原隰之有衍沃也，⑨衣食于是乎生。口之宣言也，善败于是乎兴。行善而备败，⑩其所以阜⑪财用衣食者也。夫民，虑之于心而宣之于口，成而行之，胡可壅也？若壅其口，其与能几何？⑫"王不听。于是国莫敢出言，⑬三年，乃流王于彘。⑭

① 庶人卑贱，见时事得失，不得达于上，故传语以闻于王。
② 近臣，谓如骖仆之属。尽规，尽其规劝，以告于王。
③ 补，补过。察，察政。《左传》襄十四年："自王以下，各有父兄子弟，以补察其政。"
④ 瞽，乐太师。史，太史；掌阴阳天时礼法之书，以相教诲者。
⑤ 耆艾，师傅。师傅修理瞽史之教，以闻于王。
⑥ 斟，取。酌，行。
⑦ 悖，逆。
⑧ 犹，若。言民人之有口，犹若土地之有山川。山川所以宣地气而出财用，口亦言人心而言其善败。
⑨ 广平曰原。下湿曰隰。下平曰衍。有溉曰沃。
⑩ 谓民所善者行之，民所败者备之。
⑪ 阜，厚。
⑫ 与，语助辞。能几何，言不久。
⑬ 明道本此句皆作"国莫敢出言"。"国"下似落一"人"字。万历间刊本皆作"国人莫敢出言"，意似较完美。
⑭ 流，放。彘，zhì，晋地，汉为县，属河东，故址在今山西霍州市西。

国语

鲁武公以括与戏见王

鲁武公以括与戏见王,①王立戏。②樊仲山父③谏曰:"不可立也。不顺必犯,④犯王命必诛,故出令不可不顺也。令之不行,政之不立,⑤行而不顺,民将弃上。⑥夫下事上,少事长,所以为顺也。今天子立诸侯,而建其少,是教逆也。⑦若鲁从之,而诸侯效⑧之,王命将有所壅;⑨若不从而诛之,是自诛王命也。⑩是事也,诛亦失,不诛亦失。⑪天子

---

① 武公,名敖,献公之子,伯禽之玄孙。括,武公长子。戏,括弟,即懿公。见,xiàn。王,谓周宣王。
② 王命立戏以为太子。
③ 仲山父,宣王卿士,食采于樊,爵为侯,字仲山父。佐成中兴之治,尹吉甫作《烝民》之诗以美之。
④ 立子必以长,而立少,是不顺。犯,干。言鲁必干犯王命,而不从。
⑤ 言令之不行,即政之不立。
⑥ 使长事少,所行不顺,则在下之民,必将背弃其君上矣。
⑦ 建,立。是教逆,言是教人为逆乱。
⑧ 效,学。《左传》庄二十一年:"原伯曰:郑伯效尤,其亦将有咎。"
⑨ 言先王立长之命,将壅塞不行。
⑩ 诛王命者,言先王之命立长,今鲁亦立长,若诛之,是自诛王命也。
⑪ 诛之,是自诛王命;不诛,则是废命。

其图之。"王卒立之，鲁侯归而卒。① 及鲁人杀懿公而立伯御。② 三十二年春，宣王伐鲁，立孝公，③ 诸侯从是而不睦。④

晋文公既定襄王于郑

晋文公⑤既定襄王于郑⑥。王劳之以地，⑦辞，⑧请

---

① 王卒立之，此"卒"字谓终久。"归而卒"之"卒"谓死。
② 懿公，即戏，在位九年。伯御，括之子。
③ 孝公，懿公弟，名称，在位二十七年。按：自三十二年以下数句，明道本属下篇，今本皆拆移于此篇之末。
④ 睦，亲。言诸侯从是而不相亲睦于王。
⑤ 文公，献公次子，名重耳。献公嬖骊姬，杀其太子申生，重耳奔狄，在外十九年，假秦穆公之力，以归晋。时年六十二，在位九年。
⑥ 襄王，惠王之子，名郑。后母弟叔带，与戎狄谋伐王，狄人入周，王奔郑，叔带立为王。晋文公纳王入，遂诛叔带。郏，jiá，即《左传》所称王城，今河南洛阳府附近有郏鄏陌，或谓之郏山。《左传》僖二十五年："夏四月丁巳，王入于王城，取太叔（即叔带）于温，杀之于隰城。"
⑦ 劳，慰。王以文公勤劳，故赏之以地，即《左传》"与之阳樊、温、原、攒茅之田"。阳，邑名，樊仲山父所居，故名阳樊；今河南济源市西南有曲阳城，亦称阳城，古阳樊也。温，周畿内温邑，明清时属河南怀宁府，曰温县，今属河南焦作市。原，即今河南济源市。攒茅，今河南修武县有攒茅城，即此。
⑧ 辞，不受。

隧①焉。王不许，曰："昔我先王之有天下也，规方千里，以为甸服，②以供上帝、山川、百神之祀，③以备百姓兆民之用，以待不庭不虞之患。④其余以均分公、侯、伯、子、男，⑤使各有宁宇，⑥以顺及天地，无逢其灾害。⑦先王岂有赖焉，⑧内官不过九御⑨，外官不过九品⑩，足以供给神祇而已，⑪岂敢猒纵其耳目心

---

① 隧，开地通路曰隧，天子之葬礼。诸侯皆悬柩而下。
② 规，规画而有之。甸服，已解，见《穆王将征犬戎》篇。
③ 以供，谓以其职贡供王之祭。上帝，谓天神五帝。五帝，皆神名：苍帝名灵威仰，赤帝名赤熛怒，黄帝名含枢纽，白帝名白招拒，黑帝名叶光纪。山川，谓河、海、五岳。五岳即中岳嵩山、东岳泰山、西岳华山、南岳衡山、北岳恒山。百神，丘、陵、坟、衍之神。
④ 百姓，百官有世功者。用，财用。庭，直；不直，犹言无道之事。虞，度；不度，谓未尝揣度而至之患。
⑤ 其余，谓甸服之外地，则以之平均分赐与公、侯、伯、子、男。《周礼》：公之地方五百里，侯四百里，伯三百里，子二百里，男一百里。公侯伯子男，古时诸侯爵位之等级。
⑥ 宁，安。宇，居。言使其各有安宁之居处。
⑦ 顺及天地，谓顺天地尊卑之义。灾害，言若相侵犯，则有灾害。
⑧ 赖，利。言先王亦无所利于此，皆均分诸侯。
⑨ 九御，即九嫔。嫔，pín，妇官。《周礼》："九嫔掌妇学之法。"
⑩ 九品，九卿。《周礼》："内有九室，九嫔居之；外有九室，九卿朝焉。"
⑪ 祇，qí，地神。言嫔与卿，主祭祀。

腹以乱百度?①亦唯是死生之服物采章②，以临长百姓而轻重布之，③王何异之有?④

"今天降祸灾于周室，余一人仅亦守府，⑤又不佞以勤叔父，⑥而班先王之大物以赏私德，⑦其叔父实应且憎，⑧以非余一人，⑨余一人岂敢有爱?先民有言曰：'改玉改行。⑩'叔父若能光裕⑪大德，更姓改物，⑫以创制天下，自显庸也。⑬而缩取备物

---

① 猒，或作"厌"，亦作"饜"，足。耳目，谓声色玩好。心腹，谓饮食嗜欲。百度，谓凡百法度。
② 采章，谓采色文章。
③ 长，zhǎng。轻重布之，谓贵贱各有等。
④ 言王本无异于人，特此服物采章以为威耳。
⑤ 仅，犹劣。府，谓先王之府藏。
⑥ 佞，才，故自称不才曰不佞。勤，劳。天子称九州之长同姓者曰叔父，此叔父谓晋文公。
⑦ 班，分。大物，谓隧。
⑧ 应，犹受。憎，恶。言晋文公虽当受此私赏，犹将憎恶而非之。
⑨ 谓且非我一人不愿此私赏。
⑩ 玉，佩玉，所以节行步也。古时之人，身必佩玉；然君臣上下所佩之玉，其形色皆不相同。《礼·玉藻》：天子佩白玉，公侯佩山玄玉，大夫佩水苍玉，世子佩瑜玉，士佩瓀玫。改玉改行，谓君臣尊卑，迟速有节，服其服则行其礼；以言晋侯尚在臣位，不宜有隧。
⑪ 光，广。裕，宽。
⑫ 更姓，易姓。改物，改正朔、易服色。
⑬ 创，造。庸，用。谓为天子创造制度，自显用于天下。

以镇抚百姓,^①余一人其流辟于裔土,何辞之与有?^②若由是姬姓也,^③尚将列为公侯,以复先王之职,大物其未可改也。^④叔父其懋昭明德,物将自至,^⑤余何敢以私劳变前之大章,以忝天下,^⑥其若先王与百姓何?^⑦何政令之为也!^⑧若不然,叔父有地而隧焉,^⑨余安能知之?^⑩"文公遂不敢请,受地而还。

秦师将袭郑

二十四年,秦师将袭郑,^⑪过周北门^⑫,左右皆

---

① 缩,引。备物,隧之属。
② 流,放。言将避于荒裔之地,何复陈辞之有。
③ 由,通"犹"。言文公未更姓而王,犹属姬姓。
④ 言文公若尚在公侯之位,将成霸业,以兴王室,复先王之职,则隧未可改。
⑤ 懋,勉。言其勉力昭明德义,使有天下,则隧将自至。
⑥ 章,表;所以表明天子与诸侯异物。忝,辱。
⑦ 言无以奉先王、镇抚百姓。
⑧ 何以复临百姓而为政令乎。
⑨ 言其自制以为隧。
⑩ 言所不敢禁。
⑪ 襄王二十四年,即鲁僖公之三十三年。秦师,秦大夫孟明视之师。袭,掩其不备。《左传》庄二十九年:"凡师,有钟鼓曰伐,无曰侵,轻曰袭。"
⑫ 周北门,周王城之北门。

免胄而下拜,①超乘者三百乘。②王孙满③观之,言于王曰:"秦师必有谪!④"王曰:"何故?"对曰:"师轻而骄。⑤轻则寡谋,骄则无礼;无礼则脱,寡谋自陷。⑥入险⑦而脱,能无败乎?秦师无谪,是道废也!⑧"是行也,秦师还,⑨晋人败诸崤⑩,获其三帅丙、术、视⑪。

① 左,车左。右,车右。古乘车之法,尊者居左,御者居中,又一人处其右,以备倾侧,故此言左右下。免,脱。胄,zhòu,首铠。脱其首铠而下拜,以示敬周王。按:今本皆作"免胄而下",无"拜"字,此依明道本增。
② 超乘,跳跃而上车。谓其无威仪,所以必败。
③ 王孙满,周大夫;满,其名。
④ 谪,犹咎。言秦师必有咎。
⑤ 轻,谓其跳跃而上车。骄,谓其士卒不严肃而骄纵。
⑥ 寡谋,少谋略。脱,疏略;谓其不敦旅整陈。
⑦ 险,谓崤。
⑧ 言使秦师而无咎,则是古之道废也。
⑨ 郑商人弦高觉之,矫以郑伯之命,犒之,故还。矫,未秉上命而擅自行事。犒,kào,以物馈饷士卒曰犒。《左传》僖三十三年:"郑商人弦高,将市于周,遇之,以乘韦先,牛十二犒师。"
⑩ 崤,晋地,《左传》作"殽"。今河南洛宁县北有二崤山,亦曰二崤,《战国策》所称"渑隘之塞"也。
⑪ 丙、术、视,谓白乙丙、西乞术、孟明视。

景王将铸大钱

景王二十一年,①将铸大钱。②单穆公③曰:"不可!古者天灾降戾,④于是乎量资币,权轻重,以振救民。⑤民患轻,则为作重币以行之,⑥于是乎有母权子而行,民皆得焉;⑦若不堪重,则多作轻而行之,亦不废重,于是乎有子权母而行,小大利之。⑧今王废轻而作重,民失其资,能无匮乎?⑨若匮,王用将

---

① 景王,名贵,周灵王之子,在位二十五年,田北邙山,崩于荣锜氏。二十一年,即鲁昭之十八年。
② 铸,销金成器。钱者,金币之名,古曰泉,后转曰钱。虞、夏、商、周金币三等:或赤,或白,或黄。黄金为上币,铜铁为下币。大钱者,大于旧,其价重。
③ 单,shàn。穆公,为王之卿士,单靖公之曾孙。
④ 天灾,谓水旱蝗螟之属。降,下。戾,至。《汉书》作"天降灾戾"。
⑤ 量,度。资,财。权,称。振,拯。言称度其财币轻重,以拯救民。
⑥ 民患币轻而物贵,则作重币以行其轻。
⑦ 钱之轻者曰子,重者曰母。以子贸物,物轻,则子独行,物重,则以母权而行之。子母相通,民皆得其欲。
⑧ 堪,任。不任之者,币重物轻,妨其用也。故作轻币杂而用之,以重者贸其贵,以轻者贸其贱。子权母者,母不足,则以子平而行之,故钱之小大,民皆以利。
⑨ 今废其轻者而作重,则本竭而末宽,故民失其资。

有所乏;①乏则将厚取于民,②民不给,将有远志;是离民也。③

"且夫备有未至而设之,④有至而后救之,⑤是不相入也。⑥可先而不备,谓之怠,⑦可后而先之,谓之召灾。⑧周固羸国也,天未厌祸焉;⑨而又离民以佐灾,无乃不可乎?将民之与处而离之,⑩将灾是备御而召之,则何以经国?⑪国无经何以出令?令之不从,上之患也,故圣人树德于民以除之。⑫《夏书》

---

① 民财匮竭,无以供上,故王用将乏。
② 贫乏则必将更厚敛之于民。
③ 民无以供给,则将逋逃远徙。
④ 备,国备。未至而设之,即所谓备预不虞,安不忘危。
⑤ 有祸患之至,而后拯救之,若救火疗疫,量资币平轻重之属。
⑥ 二者先后,各有所宜。不相入,谓不相为用。
⑦ 怠,缓。可先为之备而不备,则所谓缓怠。
⑧ 不急之务,可后为之,而反先为之,如民未患币轻,而又作重币,离民匮财,是谓召灾。
⑨ 羸,léi,言周固已为羸病之国,天降祸灾,未厌止。
⑩ 佐灾,谓佐成其灾患。将民之与处,即将与民处。
⑪ 君以善政为经,臣奉而成之为纬。《易·屯》:"君子以经纶。"疏:"经,谓经纬。"将灾是备御,谓将备御其灾患,而反召之,何以经纬其国。
⑫ 树,立。令之不从,谓上之命令,而在下者不从顺。故圣人惟立德以治民,可除其有不从令之患。

有之曰：'关石和钧，王府则有。'①《诗》亦有之曰：'瞻彼旱麓，榛楛济济。②恺悌君子，干禄恺悌。'③夫旱麓之榛楛殖④，故君子得以易乐干禄焉。若夫山林匮竭，林麓散亡，薮泽肆既，⑤民力彫⑥尽，田畴荒芜，⑦资用乏匮，君子将险⑧哀之不暇，而何易乐之有焉？且绝民用以实王府，⑨犹塞川原而为潢污也，⑩

---

① 《夏书·五子之歌》篇。关，门关之征赋。石，今之斛。言征赋调均，则王之府藏常有。
② 《诗·大雅·旱麓》之首章。仰视曰瞻。旱，山名，亦作崊山，在今陕西南郑县西南六十五里。麓，lù，山足。榛，木名，形似栗而小。楛，hù，木名，似荆而色赤。济济，众多。言视彼旱山之下，榛楛众多。谓文王之德，泽及草木。
③ 恺，乐。悌，易。君子，指文王。干，求。言阴阳调，草木盛，故君子求禄，其心和乐平易。
④ 殖，长。
⑤ 散亡，谓无山林虞衡之政。肆，极。既，尽。薮，sǒu，大泽。《左传》昭十二年："昔穆王欲肆其心，周行天下。"彼"肆"字，意同此。
⑥ 彫，伤。
⑦ 种谷之地曰田。种麻之地曰畴。荒，虚；《韩诗外传》："四谷不升谓之荒。"芜，秽；《楚辞·离骚》："哀众芳之芜秽。"
⑧ 险，危。
⑨ 谓废小钱而铸大钱，断绝民用，以充实王之府藏。
⑩ 原，通"源"。畜水谓之潢，水不流谓之污，《左传》隐三年："潢污行潦之水。"

其竭也无日矣。①若民离而财匮，灾至而备亡，②王其若之何？吾周官之于灾备也，③其所怠弃者多矣；而又夺之资以益其灾，是去其藏而翳其人也。④王其图之。"王弗听，卒铸大钱。

景王既杀下门子

景王既杀下门子。⑤宾孟适郊，⑥见雄鸡自断其尾，问之，侍者曰："惮其牺也。"⑦遽归告王曰：⑧"吾见雄鸡自断其尾，而人曰：'惮其牺也。'吾以为信

---

① 竭，尽。无日，无几日。
② 谓灾患之来，而无救灾之备。
③ 周官，周六官。灾备，备灾之法令。
④ 藏，谓善政藏于民。翳，犹屏。一曰：翳，灭。人，民。夺其资，民离叛，是远屏其民。
⑤ 景王，已见《景王将铸大钱》篇。下门子，周大夫，王子猛之傅。景王无嫡子，既立子猛，又立王子朝，故先杀子猛傅下门子。
⑥ 宾孟，即宾起，周大夫，王子朝之傅。适，往。
⑦ 凡六畜之色纯而无残阙者，曰牺。古时用之以祭祀。侍者，宾孟侍从之臣。惮，惧。言鸡畏其为牺牲奉宗庙祭祀之用，故自残毁其尾。《左传》昭二十二年："宾孟适郊，见雄鸡自断其尾，问之侍者，曰：自惮其牺也。"
⑧ 遽，犹疾。宾孟有宠于王，欲立子朝，王将许之，故先杀下门子。宾孟知意，故感牺之美，念及子朝，疾归语王，劝立之。

畜矣!①人牺实难,己牺何害?②抑其恶为人用也乎,则可也。③人异于是。④牺者,实用人也。⑤"王弗应。⑥田于巩,⑦使公卿皆从,将杀单子,未克而崩。⑧

---

① 信,诚。鸡畏其为宗庙之用,故自断其尾,此诚六畜之情,不与人同。
② 言鸡为人作牺牲以供祭祀,是有见杀之患难;倘己自为牺牲以主祭祀,有何害乎?人君主祭祀有似于牺,故以之为喻。己牺者,谓立子朝为太子。
③ 恶,wù。其,谓鸡。言鸡恶为人所用,故自断其尾,自可尔。
④ 言人则异于是鸡矣。鸡被宠饰,终当见杀;人被宠饰,则当贵盛。
⑤ 用人,犹治。自作牺则能治。
⑥ 王心许之,故不应,虑其泄言。
⑦ 巩,今河南巩义市西南。《左传》昭二十二年:"夏四月,王田北山。"
⑧ 单子,单穆公。王欲废子猛立子朝,恐单子不从,故欲因田猎而杀之。遇心疾而崩,故未能。

鲁语第二

鲁饥

鲁饥。臧文仲言于庄公曰:①"夫为四邻之援②,结诸侯之信,重之以婚姻,申之以盟誓,③固国之艰急是为。④铸名器⑤,藏宝财⑥,固民之殄病是

---

① 鲁饥,在庄公二十八年。臧文仲,名辰,鲁卿,臧哀伯之孙,伯氏瓶之子。庄公,名同,桓公之子,文姜所生,即《左传》桓六年所云"子同生"者。
② 援,所攀援以为助。
③ 申,重。盟,明;告其事于神明。《礼·曲礼》:"约信曰誓。"
④ 艰,难。是为,为难急。言所以结信、婚姻、盟誓者,固为国中有难急之时也。
⑤ 名器,谓钟鼎之类。
⑥ 宝财,谓玉帛之类。

待。①今国病矣！君盍以名器请籴于齐？②"公曰："谁使？"对曰："国有饥馑③，卿出告④籴，古之制也。辰也备卿，辰请如齐。⑤"公使往。从者曰："君不命吾子，吾子请之，其为选事⑥乎？"文仲曰："贤者急病而让夷⑦，居官者当事不避难，⑧在位者恤民之患，是以国家无违⑨。今我不如齐，非急病也。在上不恤下，居官而惰，非事君也。"

文仲以鬯圭与玉磬如齐告籴，⑩曰："天灾流行，

---

① 殄，tiǎn，绝。病，饿。待，备御。言所以铸钟鼎、藏玉帛者，固备民有殄绝病饿也。
② 盍，何不。籴，dí，买谷曰籴。《左传》庄二十八年："臧孙辰告籴于齐。"注云："告籴者，将货财告齐，以买谷。"
③ 无谷曰饥，无菜曰馑。馑，jǐn。《论语·先进》："因之以饥馑。"
④ 告，请。
⑤ 辰，文仲名。备卿，谓备列卿位。如，往。
⑥ 选事，自选择于职事。
⑦ 夷，平。
⑧ 居官当其事，不避其患难。
⑨ 无违，谓作事中理，无违背。
⑩ 鬯，chàng，香酒。古时方祭之始，用郁鬯之酒，灌地以降神。圭形上尖下方。古时国有大事，执以为瑞信之物，故曰瑞玉。鬯圭者，灌鬯之圭，长尺有二寸，有瓒（瓒亦宗庙灌器，形如槃），以祀庙。磬，qìng，玉磬，天子之乐器。《礼·明堂位》："拊搏、玉磬……四代之乐器也。"

戾于弊邑。①饥馑荐降,民赢几卒。②大惧乏周公、太公之命祀,③职贡业事之不共而获戾。④不腆⑤先君之弊器,敢告滞积,以纾执事,⑥以救弊邑,使能共职。岂唯寡君与二三臣实受君赐,其周公、太公及百辟神祇,⑦实永飨而赖⑧之!"齐人归其玉而予之籴。

莒太子仆弑纪公

莒太子仆弑纪公,⑨以其宝来奔。⑩宣公使仆人以书命季文子曰:⑪"夫莒太子不惮⑫以吾故杀其君,

---

① 戾,至。弊邑者,自谦之辞。
② 荐,重。降,下。《诗·大雅·云汉》:"饥馑荐臻。"赢,病。几,近。卒,尽。
③ 周公为太宰,太公为太师,皆掌命诸侯之国,所当祀。
④ 共,gōng,敬。戾,罪戾。
⑤ 腆,tiǎn,厚。不腆,谓其器之菲薄。
⑥ 滞,久。纾,缓。执事,齐之有司。言谷久滞积,则将朽败,执事所忧也;请之,所以缓执事之忧。
⑦ 辟,君。天曰神,地曰祇。百辟,谓百君,卿士有益于民者。
⑧ 赖,蒙。
⑨ 莒公名庶其;纪,号也;莒夷无谥,故有别号。《左传》文十八年:"莒纪公子生太子仆,又生季佗。爱季佗而黜仆;且多行无礼于国,仆因国人以弑纪公。"按:此句中"弑",万历本作"杀",非是。
⑩ 宝,玉。来奔,奔鲁。或有"鲁"字,非。此《鲁语》,不当言其鲁。
⑪ 宣公,名倭,文公之子,敬嬴所生,以匡王五年即位。仆人,官名。命,告。文子,鲁正卿,季孙行父。
⑫ 惮,难。

而以其宝来，其爱我甚矣。为我予之邑，今日必授。①无逆命矣！"里革遇之而更其书曰：②"夫莒太子杀其君而窃其宝来，不识穷固，又求自迩，③为我流之于夷。④今日必通，⑤无逆命矣！"明日，有司复命。⑥公诘之，⑦仆人以里革对，⑧公执之，⑨曰："违君命者，女亦闻之乎？"对曰："臣以死奋笔，奚啻其闻之也。⑩臣闻之曰：'毁则⑪者为贼，掩贼者为藏，⑫窃宝者为宄，⑬用宄之财者为奸。⑭'使君为藏奸

---

① 为，wèi。授，予。
② 里革，鲁太史克。遇仆人，见公书，以太子仆弑父大逆，故更改其书。
③ 固，废。迩，近。
④ 流，放逐。夷，东夷。
⑤ 疾之之言。通，达。《左传》文十八年："季文子使司寇出诸竟，曰：今日必达。"
⑥ 有司，司寇。复，反。文子得书，使司寇出之境，明日反命于公。
⑦ 诘，问。公诘问仆人以违命意。
⑧ 仆人对以里革所更。
⑨ 执里革。
⑩ 言所以触死奋笔而更公命书者，不欲伤君德耳。奚，何。啻，止。何止，犹不但。
⑪ 毁则，坏法。
⑫ 掩匿贼人是为藏，言其藏罪人。或作掩贼者为藏，谓受赇赃。非是。按：《左传》亦作"掩贼为藏"。
⑬ 宄，guǐ，乱在内为宄，谓以子盗父。《左传》文十八年："窃贿为盗。"
⑭ 财，谓宝玉。《左传》文十八年："盗器为奸，主藏之名，赖奸之用。"

者，不可不去也！臣违君命者，亦不可不杀也！"公曰："寡人实贪，非子之罪。"乃舍之。

季文子相宣成

季文子相宣、成，①无衣帛之妾，无食粟之马。②仲孙它③谏曰："子为鲁上卿，相二君矣，妾不衣帛，马不食粟，④人其以子为爱。且不华国乎？⑤"文子曰："吾亦愿之。⑥然吾观国人，其父兄之食粗而衣恶者犹多矣，吾是以不敢。人之父兄食粗衣恶，而我美妾与马，无乃非相人乎？且吾闻以德荣为国华，⑦不闻以妾与马。"文子以告孟献子，⑧献子囚之七日。⑨自是

---

① 季文子，已见上篇。宣、成，谓宣公、成公。
② 《左传》襄五年："无衣帛之妾，无食粟之马；无藏金玉，无重器备。"
③ 它，古"佗"字。仲孙它，孟献子之子，即子服它。
④ 二君，谓宣、成。《左传》成十六年："范文子谓栾武子曰：季孙于鲁，相二君矣，妾不衣帛，马不食粟，可不谓忠乎。"又襄五年："君子是以知季文子之忠于公室也。相三君矣，而无私积，可不谓忠乎。"相三君，盖文子至襄五年始卒，并襄数之也。
⑤ 爱，吝。华，荣华。
⑥ 愿华侈。
⑦ 以德荣显者，可以为国光华。
⑧ 孟献子，鲁大夫仲孙蔑，即它之父。文子以它之言，告其父献子。
⑨ 囚，拘。献子乃囚拘其子它。

子服之妾衣不过七升之布,①马饩不过粮莠。②文子闻之曰:"过而能改者,民之上也。"使为上大夫。

季桓子穿井

季桓子穿井,获如土缶,③其中有羊焉。使问之仲尼曰:"吾穿井而获狗,何也?"④对曰:"以丘之所闻,羊也。丘闻之:木石之怪曰夔、蝄蜽,⑤水之怪曰龙、罔象,⑥土之怪曰羵羊。"⑦

---

① 子服,即它。布八十缕为升。《礼》:"朝服十五升。"
② 饩,食马谷。粮,láng,童粱,今俗呼曰狗尾草。莠,yǒu,草,似稷无实;《孟子·尽心》:"恶莠,恐其乱苗也。"
③ 桓子,鲁正卿,名斯,季平子之子。穿,凿。缶,瓦器,即今之瓦盆;可以盛酒浆,秦人鼓之以节乐。
④ 获羊而言狗者,以孔子博物,测之也。柳宗元曰:"近世京兆杜济,穿井获土缶,中有狗焉。投之于河化为龙。"
⑤ 木石,谓山。夔,木石怪,如龙,有角,鳞甲光如日月,见则其邑大旱。或云:夔一足,越人谓之山缲,人面猴身,能言。蝄蜽,山精;状如三岁小儿,赤黑色,赤目,长耳,美发,好学人语而迷惑人。张衡《南都赋》:"追水豹兮鞭蝄蜽。"
⑥ 龙,神兽,非常见,故曰怪。罔象,一名沐肿,如三岁儿,赤目,黑色,大耳,长臂,赤爪,索缚则可得食。《史记·孔子世家》:"水之怪龙、罔象。"
⑦ 羵,fén。羵羊,一作坟羊,雌雄未成者。

鲁语第二

季康子问于公父文伯之母

季康子问于公父文伯之母,①曰:"主亦有以语肥也?②"对曰:"吾能老而已,何以语子。"康子曰:"虽然,肥愿有闻于主。"③对曰:"吾闻之先姑④曰:君子能劳,后世有继。⑤"子夏⑥闻之曰:"善哉!商闻之曰:古之嫁者不及舅姑⑦,谓之不幸。夫⑧妇学于舅姑者,礼也。"

公父文伯之母如季氏

公父文伯之母如季氏,⑨康子在其朝,⑩与之言,弗应;从之及寝门,弗应而入⑪。康子辞于朝而入

---

① 康子,鲁正卿,名肥,季悼子曾孙,季桓子之子。父,fǔ。文伯,鲁大夫,名歜,季悼子之孙,公父穆伯之子。母,穆伯之妻敬姜。
② 大夫称主,大夫之妻亦如之。语,谓教戒之。
③ 觊得一言可行者也。
④ 夫之母曰姑,殁曰先。
⑤ 能劳,能自卑劳,贵而不骄。有继,子孙不废。
⑥ 子夏,姓卜,名商,孔子弟子。
⑦ 《尔雅·释亲》:"妇称夫之父曰舅,称夫之母曰姑。"
⑧ 夫,fú。
⑨ 文伯之母,已见上篇。如,往。
⑩ 康子,亦见上篇。朝,cháo,下同,谓在内朝。
⑪ 入康子之家。

见,①曰:"肥也不得闻命,无乃罪②乎?"曰:"子弗闻乎?天子及诸侯,合民事于外朝,③合神事于内朝。④自卿以下,合官职于外朝⑤,合家事于内朝。⑥寝门⑦之内,妇人治其业焉。上下⑧同之。夫⑨外朝,子将业君之官职焉;内朝,子将庀⑩季氏之政焉;皆非吾所敢言也。"

公父文伯退朝

公父文伯退朝,⑪朝其母,其母方绩⑫。文伯曰:"以歜⑬之家,而主犹绩,惧干季孙⑭之怒也;其以

---

① 谓辞其家臣,入见敬姜。见,xiàn。
② 无乃罪,谓得无有罪。
③ 言与百官考合民事于外朝。
④ 神事,祭祀。内朝,在路门内。
⑤ 外朝,君之公朝。
⑥ 家,大夫。内朝,家庙。
⑦ 寝门,正室之门。
⑧ 上下,言自天子已下。
⑨ 夫,fú。
⑩ 庀,pǐ,治。
⑪ 父,fǔ。朝,cháo。文伯,已见《季康子问于公父文伯之母》篇。
⑫ 绩,缉麻。
⑬ 歜,chù,文伯名。
⑭ 季孙,季康子,位尊,又为大宗。

鲁语第二

歇为不能事主乎？"其母叹曰："鲁其亡乎！使僮子备官而未之闻耶？①居，吾语女。②昔圣王之处民也，择瘠③土而处之，劳其民而用之，故长王天下。④夫民劳则思，思则善心生；⑤逸则淫，淫则忘善，忘善则恶心生。沃土之民不材，淫也。⑥瘠土之民莫不向义，劳也。……

"男女效绩，愆则有辟，古之制也。⑦君子劳心，小人劳力，⑧先王之训也。自上以下，谁敢淫心舍力。今我寡也，尔又在下位⑨，朝夕处事⑩，犹恐忘先人⑪

---

① 僮，童蒙不达。言已居官而未闻道。
② 居，坐。女，同"汝"。《礼·乐记》："居，吾语女。"《论语·阳货》："居，吾语女。"
③ 瘠，瘦薄。
④ 王，wàng。瘠土利薄，又劳而用之，使不淫逸；不淫逸则向义，故长王天下。
⑤ 劳则忧勤惕厉，而为善之心生。
⑥ 沃，肥饶。逸则荒宁怠惰，而为恶之心生；故肥饶之地民少才能者，以淫逸怠惰也。
⑦ 绩，功。辟，罪。言男耕女织，各效其职，以成其功。若怠惰而得过，则治其罪。此古制之通于贵贱者也。
⑧ 《孟子·滕文公》："或劳心，或劳力，劳心者治人，劳力者治于人。"
⑨ 下位，大夫。
⑩ 处事，谓其处身于作事。
⑪ 先人，谓文伯之父穆伯。

39

之业，况有怠惰，其何以避辟！① 吾冀而朝夕修我曰：② '必无废先人。' 尔今曰：'胡不自安？③' 以是承君之官，余惧穆伯之绝嗣也！④" 仲尼闻之曰："弟子志⑤之，季氏之妇不淫⑥矣。"

公父文伯之母

公父文伯之母，季康子之从祖叔母也。⑦ 康子往⑧焉，闺门⑨与之言，皆不踰阈。⑩……仲尼闻之，以为别于男女之礼矣。

---

① 上言怠则有辟，故言何以避辟。况有怠惰，万历闵氏本作"怠情"。
② 冀，希望。而，汝。修，儆。言我希冀汝，朝夕自儆戒。
③ 胡，何。欲使我不绩而自安。
④ 承，奉。以是怠惰之心，奉君官职，无以避罪，将见诛绝。
⑤ 志，识。
⑥ 淫，逸。谓其不淫逸。
⑦ 从，zòng。从祖叔母，即祖父昆弟之妻。敬姜为穆伯妻，季平子之弟妇，故于康子为从祖叔母。
⑧ 往，谓往而见之。
⑨ 闺，wěi，门小开。门，寝门。
⑩ 阈，yù，门限。敬姜不踰阈而出，康子不踰阈而入。《左传》僖二十二年："妇人送迎不出门，见兄弟不踰阈。"按：此篇中段删节处，皆依朱子《小学稽古类》所录此文。

齐语第三

桓公欲从事于诸侯

桓公①曰:"吾欲从事于诸侯,其可乎?"管子②对曰:"未可。邻国未吾亲也。君欲从事于天下诸侯,则亲邻国。"③桓公曰:"若何?"管子对曰:"审吾疆埸,④而反其侵地。⑤正其封疆,无受其资;⑥

---

① 桓公,名小白,齐太公之后,僖公之子,襄公之弟。
② 管子,管仲,字夷吾,颍上人,出姬姓,文王第三子管叔鲜后,为齐卿。
③ 邻国亲,足以为援;不然将为己害,难以远征。
④ 审,正。埸,yì。大界曰疆,小界曰埸。《诗·小雅·信南山》:"疆埸翼翼。"《左传》桓十七年:"疆埸之事。"
⑤ 反,还。侵地,谓齐侵取邻国之地。
⑥ 积土为封。资,资财。《管子·小匡》:"审吾疆埸,反其侵地,正其封界,毋受其货财。"

而重为之皮币，以骤聘頫于诸侯，①以安四邻，则四邻之国亲我矣。为游士八十人，奉之以车马、衣裘，多其资币，使周游于四方，以号召天下之贤士。皮币玩好②，使民鬻③之四方，以监其上下之所好。④择其淫乱者而先征之。⑤"

桓公问

桓公问曰："夫⑥军令则寄诸内政矣，齐国寡甲兵，⑦为之若何？"管子对曰："轻过而移诸甲兵。⑧"桓公曰："为之若何？"管子对曰："制重罪

---

① 頫，视。《周礼·春官》"頫聘"注："大夫众来曰頫，寡来曰聘。"明道本及《管子》皆作"聘覜"；覜，通"頫"，见。《左传》昭五年："享覜有璋。"注："朝聘而享见也。"
② 好，hào。玩好，人所玩弄而好。
③ 鬻，yù，卖。《左传》昭三年："有鬻踊者。"
④ 好，hào。监，视。上下，谓君臣。观其所好，则知其奢俭。玩好物贵，则其国奢；贱则其国俭。
⑤ 此句《管子》作"择其沈乱者而先政之"。注：政，正也。
⑥ 夫，fú。
⑦ 寡，少。甲兵，谓铠甲弓矢之属。
⑧ 诸，之。移之甲兵，谓轻其过，使以甲兵赎其罪。

齐语第三

赎以犀甲一戟,①轻罪赎以鞼盾②一戟,小罪谪以金分,③宥闲罪。④索讼者,三禁而不可上下,坐成以束矢。⑤美金以铸⑥剑戟,试诸狗马⑦。恶金以铸钼夷斤劚,⑧试诸壤土。甲兵大足。"

---

① 重罪,死刑。犀,犀牛皮,古时用之为甲。戟,车戟,柲长丈六尺。柲,bì,戟柄。重罪者,令其出甲戟以赎罪。
② 鞼,guì。鞼盾,缀革有文如缋。
③ 谪,责。小罪不入于五刑者,以金赎,有分两之差。即今之罚金。《书·舜典》:"金作赎刑。"
④ 宥,yòu,赦。闲罪,刑罚之疑者。《书·吕刑》:"五刑之疑有赦。"
⑤ 索,求,求讼者之情。三禁,禁之三日,使审实其辞。不可上下,辞定不可移。坐成,狱讼之坐已成。十二矢为束,讼者坐成,以矢入于朝,乃听其讼。两人讼,一人入矢,一人不入则曲,曲则服,入两矢乃治之。矢取往而不反。《周礼》:以两造禁人讼,入束矢于朝,然后听之也。《管子·小匡》:"无坐抑而讼狱者,正三禁之而不直,则入一束矢以罚之。"
⑥ 铸,冶。
⑦ 狗马,难为利者。
⑧ 恶,粗。钼,同"锄"。夷,锄类,所以削草平地。斤,形似钼而小。劚,zhú,斫。

晋语第四

武公伐翼

武公伐翼，杀哀侯，①止栾共子曰："苟无死，②吾以子见③天子，令子为上卿④，制晋国之政。"辞曰："成闻之：民生于三，事之如一。⑤父生之，师

---

① 武公，名称，曲沃桓叔之孙，严伯之子。鲁桓三年，曲沃武公伐翼，杀哀侯。后竟灭翼侯之后而兼之。鲁庄十六年，王使虢公命武公以一军为晋侯，遂为晋祖考。翼，晋都，今山西翼城县东南有故翼城。哀侯，名光，晋昭侯之孙，鄂侯之子。
② 栾，luán。共，gōng。栾共子，哀侯之大夫，名成。初，武公之祖桓叔为曲沃伯，栾共子之父栾宾傅之，故武公止共子使无死。
③ 见，xiàn。
④ 上卿，执政命于天子者。
⑤ 成，共子名。三，君、父、师。言人之所赖以生，有此三者，其恭敬承顺之礼不可有二。

教之，君食之。①非父不生，非食不长，非教不知。生之族也，故一事之。②唯其所在，则致死焉。报生以死，③报赐以力，人之道也。④臣敢以私利⑤，废人之道，君何以训矣？⑥且君知成之从也，未知其待于曲沃也。⑦从君而贰，⑧君焉用之？⑨"遂斗而死。

献公伐骊戎

献公伐骊戎，⑩克之。灭骊子⑪，获骊姬⑫以归，

---

① 食，sì，下同。父母生我之身，师教我以善道，人君分授土田使我得饮食。
② 非是三者，则生无从生，长无从长，无从知善道；三者生我之功同一族类也，故事之如一。
③ 所在致死，随其所在而委身以报之。在君为君，在父为父，在师为师，所谓报生以死。
④ 若报人之赐，则但以力而已，岂能与君、父、师并重哉？此人道之当然。
⑤ 私利，谓不死为上卿。
⑥ 言以私利废人之道，无以教人为忠。
⑦ 君，武公。言君知成将死其君，为从臣道也，故使止臣；未知成不死而待君于曲沃之为贰也。
⑧ 贰，二心。言既从哀侯，又贰于武公。
⑨ 君，谓武公。焉，安。
⑩ 献公，名诡诸，晋武公之子。骊戎，西戎之别在骊山者。
⑪ 骊子，骊戎之君。
⑫ 骊姬，骊戎君之女。

立以为夫人。生奚齐，其娣①生卓子。骊姬请使申生主曲沃以速悬；②重耳处蒲城，夷吾处屈，③奚齐处绛④，以儆无辱之故。⑤公许之。史苏⑥朝，告大夫曰："二三大夫其戒之乎？乱本生矣！日⑦君以骊姬为夫人，民之疾心固皆至矣。⑧昔者之伐也，兴百姓以为百姓也，⑨是以民能欣之，⑩故莫不尽忠极劳以致死也。今君起百姓以自封⑪也，民外不得其利，⑫而

---

① 娣，dì，女弟。女子同生谓后生为娣，于男则言妹。古之嫁女者以侄娣从而嫁，自嫡而下凡谓之娣。
② 申生，献公太子恭君。献公娶于贾，无子，烝（上淫曰烝）于齐姜，生申生。齐姜，晋武公妾。曲沃，晋宗邑，故城在今山西闻喜县东北。悬，绝。骊姬使申生居外，欲献公速与之绝。
③ 重耳、夷吾，申生异母弟。《左传》庄二十八年："又娶二女于戎，大戎狐姬生重耳，小戎子生夷吾。"今山西隰县东北有蒲子故城。屈，今山西吉县东北二十一里有北屈废县。
④ 绛，晋都，故绛即翼城。
⑤ 言出此三子为镇于外，以儆备戎狄，无耻辱于国。
⑥ 史苏，晋大夫。
⑦ 日，昔日。
⑧ 言民之疾怨其君之心，固皆已深至。
⑨ 言古时明君之征伐，兴起百姓者，乃为百姓除祸害也。
⑩ 是以民能欣欣然奉戴其上。
⑪ 封，厚。
⑫ 不得攻伐之利。

内恶其贪,则上下既有判①矣。然而又生男,其天道也?天强其毒,民疾其态,其乱生哉!吾闻君子好好而恶恶,乐乐而安安,是以能有常。②伐木不自其本,必复生;塞水不自其源,必复流;灭祸不自其基③,必复乱。今君灭其父而畜其子,祸之基也。畜其子又从其欲,子思报父之耻而信④其欲,虽好⑤色,必恶心,不可谓好⑥。好其色,必授之情⑦。彼得其情,以厚⑧其欲,从其恶心,必败国,且深乱。乱必自女戎,⑨三代皆然。"骊姬果作难,杀太子而逐二公子。⑩君子曰:"知难本矣。⑪"

---

① 判,离。
② 上"好"字读hào,下"好"字读hǎo。上"恶"字读wù,下"恶"字读è。二"乐"字读lè。言好者好之,恶者恶之,乐则悦之,安则居之,故能有常。此言献公好恶安乐皆非其所有。
③ 基,始。
④ 信,古"申"字。《易·系辞》:"往者屈也,来者信也。"《孟子·告子》:"今有无名之指,屈而不信。"
⑤ 好,hào,下同。
⑥ 好,美。
⑦ 授之情,谓顺从其心愿,如许其子立。
⑧ 厚,益。
⑨ 深乱,乱深。女戎,谓骊姬。
⑩ 谓重耳奔狄,夷吾奔梁。
⑪ 谓史苏知难之本。

献公田

献公田,见翟柤之氛,①归寝不寐。②郤叔虎朝,公语之,③对曰:"床笫之不安邪?④抑骊姬之不存侧邪?"公辞焉。出遇士蔿曰:⑤"今夕君寝不寐,必为翟柤也。⑥夫翟柤之君,好专利而不忌,⑦其臣竞谄以求媚,其进者壅塞,⑧其退者拒违,⑨其上贪以忍,⑩其下偷以幸;⑪有纵君而无谏臣,⑫有冒上而无忠下,⑬

---

① 献公已见上篇。田,田猎。柤,zhā。翟柤,国名。氛,fēn,恶气。《左传》襄二十七年:"楚氛甚恶"前汉元帝诏:"氛邪岁增。"
② 欲伐翟柤。寐,瞑。《公羊传》僖二年:"寡人夜者,寝而不寐。"
③ 郤叔虎,晋大夫,郤芮之父郤豹。叔虎朝见,公告以寝不寐。
④ 笫,zǐ,簀。又《方言》:床,陈、楚之间谓之笫。《周礼》:玉府掌王之衽席、床笫。《左传》襄二十七年:"赵孟曰:床笫之言不踰阈。"邪,疑辞,经传俱作"邪",俗作"耶"。
⑤ 蔿,wěi。士蔿,字子舆,晋大夫刘累之后,隰叔之子。叔虎出而遇士蔿。
⑥ 言君寝不寐,意在翟柤。
⑦ 夫,fú。好,hào。忌,难。
⑧ 其臣下竞谄谀求媚,故进者则壅塞其上,使不闻过。
⑨ 其退去者,则拒违其君。
⑩ 其在上者贪利,而又忍为不义。
⑪ 偷,苟且。幸,徼幸。
⑫ 有放纵之君,而无直谏之臣。
⑬ 上有贪冒之君,而下无忠义之士。

君臣上下各餍其私，以纵其回，①民各有心而无所据依②，以是处国，不亦难乎？君若伐之，可克也。吾不言，子必言之。"士蒍以告，公悦，乃伐翟柤。郤叔虎将乘城③，其徒曰："弃政而役，④非其任也。"郤叔虎曰："既无老谋，而又无壮事，⑤何以事君？"被羽⑥先升，遂克之。

公作二军

十六年，公作二军，⑦公将上军，太子申生将下军，以伐霍。⑧师未出，士蒍言于诸大夫曰："夫⑨太子，君之贰也。⑩恭以俟嗣，⑪何官之有？今君分

---

① 各餍足其私欲，纵行回邪。
② 据，仗、援。依，倚。《诗·邶风·柏舟》："亦有兄弟，不可以据。"
③ 乘城，升城。
④ 政，犹职。役，服戎役。
⑤ 壮事，力役。言既无老成谋略，又耻无功。
⑥ 羽，鸟羽，系于背以为饰，若马上及弓櫜上缨耗。
⑦ 献公十六年，鲁闵之元年。鲁庄十六年，王命晋武公以一军为晋侯，至此初作二军。二军，上军、下军。
⑧ 二"将"字，皆读 jiàng。霍，姬姓，周文王子霍叔武之国。今山西霍州市西有古霍城。
⑨ 夫，fú，下同。
⑩ 言太子者，国君之副贰也。
⑪ 言恭敬事上，以待为国君之嗣续。

之土而官之①,是左之②也。吾将谏以观之。"乃言于公曰:"夫太子,君之贰也;而帅③下军,无乃不可乎?"公曰:"下军,上军之贰也。寡人在上,申生在下,不亦可乎。"士蒍对曰:"下不可以贰上。④"公曰:"何故?"对曰:"贰若体⑤焉,上下左右,以相心目,⑥用而不倦,身之利也。⑦上贰代举,⑧下贰代履,⑨周旋变动,以役心目,⑩故能治事,以制百物。⑪若下摄⑫上,与上摄下,周旋不动,以违⑬心目,其反为物用⑭也,何事能治?故古之为军也,

---

① 官之,谓位以卿。
② 左之,犹外之。
③ 帅,主率下军。
④ 言下之不可以贰上,犹足之不可以贰手。手足,左右各自为贰。
⑤ 体,四肢。
⑥ 言手足居身之上下左右,相助心目之动作。
⑦ 倦,劳。有贰故不劳。四体役身,身之利。
⑧ 上,谓手。代,更。言手之有贰,故更代而举动。
⑨ 下,谓足。履,步。言足之有贰,故更代而行。
⑩ 役,为。言心有所思,目有所见,则四肢随之周旋变动以为之役。
⑪ 故能平治万事,裁制百物。
⑫ 摄,引持。
⑬ 违,背,离。
⑭ 为物用,言与百物器用无以异。

军有左右，阙从补之，①成而不知，是以寡败。②若以下贰上，阙而变败，弗能补也。③变非声章，弗能移也。④声章过数则有衅，有衅则敌入；⑤敌入而凶，救败不暇，谁能退敌？⑥敌之如志，国之忧也。可以陵小，难以征国。⑦君其图之。"公曰："寡人有子而制焉，非子之忧也。"对曰："太子，国之栋也。栋成乃制之，不亦危乎？⑧"公曰："轻其所任，虽危何害？⑨"

士㧑出，语人曰："太子不得立矣。改其制而不患其难⑩，轻其任而不忧其危，君有异心，又焉得

---

① 言军有左右部，有缺从而补之。
② 谓敌不知有缺，是以少有败溃。
③ 倘有缺而变更败退，则弗能补。
④ 声，金鼓。章，旌旗。移，动。按：古时军旅进退移动，皆以旗鼓为号。
⑤ 衅，瑕隙。军法进退旗鼓有数，过数则有隙，敌见隙而犯己。
⑥ 凶，犹凶凶，恐惧。言敌入犯己而恐惧救败之无暇，谁能退却敌？
⑦ 以下军贰上，可以侵陵小国，难以征大国。
⑧ 言太子于国，犹屋之栋。如造屋，其栋已树成，而忽更其制，不亦危乎？此谓太子之位已定，而更其制，使将兵，是危之道。
⑨ 轻其所任，谓轻太子所任，不重责。虽近危，犹无害。
⑩ 不患其难，谓不忧患其有祸难。

立?^①行之克也,将以害之;^②若其不克,其因以罪之。虽克与否,无以避罪。与其勤而不入,不如逃之。^③君得其欲,太子远死,且有令名,为吴太伯,不亦可乎?^④"太子闻之曰:"子舆之为我谋,忠矣。^⑤然吾闻之:为人子者,患不从,不患无名;^⑥为人臣者,患不勤,不患无禄。今我不才而得勤与从,^⑦又何求焉?焉能及吴太伯乎?^⑧"太子遂行,克霍而反,谗言弥兴。^⑨

---

① 即又安得立。《左传》闵元年:"士蒍曰:太子不得立矣。分之都城,而位以卿,先为之极,又焉得立?"
② 以其得众故害之。
③ 不入,不入君意。逃,去。
④ 得其欲,谓得立奚齐。令名,善名。周太王有三子:长,太伯;次,仲雍;次,季历。太王之时,商道寝衰,周日强大,季历又生子昌,有圣德,太王因有翦商之志;而太伯不从,太王遂欲传位季历以及昌,太伯知之,与仲雍逃之荆蛮。后武王追封为吴伯,故曰吴太伯。
⑤ 子舆,士蒍字。为,wèi。
⑥ 不从,不从父命。言为人子者,当患其不能顺从父命,不当忧患其无令名。
⑦ 以战伐为勤从。
⑧ 言安能及吴太伯?
⑨ 弥,益。言谗者之言,益兴起也。

优施教骊姬夜半而泣

优施①教骊姬夜半而泣，谓公②曰："吾闻申生甚好仁而强③，甚宽惠而慈于民，④皆有所行之。⑤今谓君惑于我，必乱国，无乃以国故而行强于君。⑥君未终命而不殁，⑦君其若之何？盍⑧杀我？无以一妾乱百姓。"公曰："夫岂惠其民而不惠于其父乎？⑨"骊姬曰："妾亦惧矣。吾闻之外人言曰：'为仁与为国不同。为仁者，爱亲之谓仁；为国者，利国⑩之谓仁。'故长民者无亲，⑪众以为亲。苟利众而百姓和，

---

① 优，优伶。施，其名。《史记·滑稽列传》有优孟、优旃，皆优伶之名孟名旃者。
② 公，献公。
③ 强，强御。《书·皋陶谟》："强而义。"
④ 言甚宽和仁惠，而又慈爱于庶民。
⑤ 谓申生仁惠于人，皆有所为而为。
⑥ 言恐败国之故，而以强劫君。
⑦ 言其不得以天年善终。
⑧ 盍，何不。
⑨ 夫，fú。惠，爱。岂有能惠爱其民人，而不惠爱其父者乎？
⑩ 利国，谓安社稷、利百姓。
⑪ 长，zhǎng。无亲，无私亲。

岂能惮君?①以众故不敢爱亲,众况厚之,②彼将恶始而美终,以晚盖者也。③凡民利是生,④杀君而厚利众,众孰沮⑤之?杀亲无恶于人,人孰去之?苟交利而得宠,志行而众悦,⑥欲其甚矣,孰不惑焉?⑦虽欲爱君,惑不释也。⑧今夫以君为纣,若纣有良子,而先丧纣,⑨无章其恶而厚其败。⑩钧之死也,无必假手于武王,⑪而其世不废,祀至于今,吾岂知纣之善否哉?⑫君欲勿恤⑬,其可乎?若大难至而恤之,其何

① 惮,畏。岂能惮君,言岂畏杀君。
② 况,益。言以众人之故杀君除民害,众益以之为仁厚。
③ 美,善。晚,后。盖,掩。弑君是恶始,利国是美终,言其始有弑君之恶,终有利国之美,是可以后之善,而掩盖其前之恶。
④ 谓为民生利。按:其意似言:其凡所行者,皆有利于生民。
⑤ 沮,败。
⑥ 交,俱。言苟使其所行者,俱有利,而又得尊宠;志愿既行,而又为众所欢悦。
⑦ 言欲太子之立也甚矣,国人谁不惑。或曰:谓交利得宠,志行众悦,可欲实甚,孰能不为所惑也。
⑧ 言其惑不可解。
⑨ 夫,fú。丧,sàng,亡。良,善。若使纣有善子,知纣之恶终必灭国,以计言之,不如先自杀之。
⑩ 章,明。厚其败,谓武王击以轻剑,斩以黄钺。
⑪ 钧,同。假,借。言同一死也,何必借武王之手而杀之。
⑫ 先自亡之,故无知之者。
⑬ 恤,忧。

及矣!"

公惧曰:"若何而可?"骊姬曰:"君盍老而授之政,①彼得政而行其欲,得其所索,乃其释君。且君其图之:自桓叔以来,孰能爱亲?②唯无亲,故能兼翼。③"公曰:"不可与政。我以武与威,是以临诸侯,未殁而亡政,不可谓武;有子而弗胜,不可谓威。我授之政,诸侯必绝,能绝于我,必能害我。失政而害国,不可忍也。尔勿忧,吾将图之。"骊姬曰:"以皋落狄之朝夕苟我边鄙,④使无日以牧田野,⑤君之仓廪固不实⑥,又恐削封疆。君盍使之伐狄以观其果于众也,与众之信辑睦焉。⑦若不胜狄,虽

---

① 言君何不称老,以政授申生。
② 桓叔,献公曾祖,曲沃桓叔成师。桓叔伐晋,杀其兄子昭侯于翼。桓叔生严伯,严伯又伐翼,杀昭侯之子孝侯。严伯生武公,武公灭翼而兼之。武公生献公,献公灭桓严之族。
③ 唯无亲亲之义,故能兼有翼。
④ 皋落,赤狄别种,今山西太原市晋源区东有皋落山。又垣曲县西北六十里有皋落城。皆昔时皋落氏之领土。苟,扰。
⑤ 无日不有狄儆,故不得牧于田野。
⑥ 实,富实。
⑦ 果,果于用师否。辑,和。

济其罪可也;①若胜狄,则善用众矣,求必益广,②乃可厚图也。且夫③胜狄,诸侯惊惧,吾边鄙不儆④,仓廪盈,四邻服,封疆信,君得其赖⑤,又知可否,其利多矣。君其图之。"公说⑥。……

反自稷桑

反自稷桑,处五年。⑦骊姬谓公曰:"吾闻申生之谋愈深。⑧日,吾固告君曰:'得众。'⑨众不利,焉能胜狄?⑩今矜狄之善,其志益广。⑪狐突不顺,⑫故

---

① 济,渡。以不胜罪之。按:济作渡解,意未浃。《左传》桓十一年:"莫敖曰:盍请济师于王。"注:"济,益也。"又僖二十年:"以人从欲,鲜济。"注:济,成。此"济其罪"作"益其罪"或"成其罪"解,似较善。
② 所求益广。
③ 夫,fú。
④ 儆,戒。亦与"警"通。
⑤ 赖,利。
⑥ 说,通"悦"。
⑦ 反,同"返"。自,从。从伐东山战于稷桑而返。处五年,鲁僖之四年。
⑧ 谋,谋弑公。愈,益。言申生谋弑公之志益深。
⑨ 日,往日。言往日吾固已告君曰:"申生能得众也。"
⑩ 言众若不利,焉肯为用而胜狄乎?
⑪ 矜,大。善,善用众。言今自矜大克狄而善用众,其志愿当益广大。
⑫ 狐突,晋同姓唐叔之后,狐偃之父狐突伯行,为申生之戎御。不顺,谓太子不顺。

不出。吾闻之：申生甚好信而强，①又失言于众矣，虽欲有退，众将责焉；②言不可食，众不可弭，③是以深谋。君若不图，难④将至矣。"公曰："吾不忘也，抑未有以致罪焉。"

骊姬告优施曰："君既许我杀太子而立奚齐矣，吾难里克⑤，奈何？"优施曰："吾来里克，一日而已。⑥子为我具特羊之飨，⑦吾以从之饮酒。我优也，言无邮。⑧"骊姬许诺，乃具，使优施饮⑨里克酒。中饮，⑩优施起舞，谓里克妻曰："主孟⑪啖我，我教兹暇豫事君。⑫"乃歌曰："暇豫之吾吾，不如鸟

---

① 好信，言必行之。强，强御。
② 失言于众，谓许众以取国。退，谓改悔。言其又许众以取国，今虽欲改悔，众将怨责之。
③ 吐而复吞曰食。《书·汤誓》："朕不食言。"《左传》僖十五年："我食吾言，背天地也。"弭，止。
④ 难，nàn。
⑤ 里克，晋大夫。
⑥ 来，谓转里克之心，使来从己用。一日，言其易。
⑦ 具，备。特，一；凡牲一为特，二为牢。以酒食劳人曰飨。
⑧ 邮，通"尤"，过。言我乃优伶，可言之亦无过尤。
⑨ 饮，yìn，以物饮人。
⑩ 中饮，酒半。
⑪ 大夫之妻称主，从夫之称。孟，里克妻字。
⑫ 兹，此，指里克。暇，闲。豫，乐。言我教里克以闲乐事君。

乌。①人皆集于苑,己独集于枯。②"里克笑曰:"何谓苑?何谓枯?"优施曰:"其母为夫人,其子为君,③可不谓苑乎?其母既死,其子又有谤,④可不谓枯乎?枯且有伤。⑤"优施出。里克辟奠,不餐而寝。⑥夜半召优施曰:"曩而言戏乎?抑有所闻之乎?⑦"曰:"然。君既许骊姬杀太子而立奚齐,谋既成矣。⑧"里克曰:"吾秉君以杀太子,吾不忍;⑨通复故交,吾不敢。⑩中立其免乎?⑪"优施曰:"免。"

旦而里克见丕郑曰:⑫"夫史苏之言将及矣!优施告我,君谋成矣,将立奚齐。"丕郑曰:"子谓

---

① 吾吾,犹踽踽,与人不相亲之貌。言里克欲为闲乐事君之道,反不敢自亲,吾吾然,其智曾不若鸟与乌。
② 集,止。苑,茂木貌。己,谓里克。喻人皆与奚齐,而里克独与申生。
③ 其母,谓骊姬。子,谓奚齐。
④ 其母,谓申生之母齐姜。子,谓申生。
⑤ 无母喻枯,有谤喻伤。伤,病。按:枯且有伤,或意谓有杀伤之祸。
⑥ 辟,去。奠,置。熟食曰餐。
⑦ 曩,向。而,汝。言向者汝所言,其戏言乎?抑诚有所闻邪?
⑧ 成,定。言其谋已定。
⑨ 言秉执君志,以杀太子,不忍为。
⑩ 言既知其事,仍与太子交,亦不敢为。
⑪ 言当中立,不阿君,亦不助太子。
⑫ 丕郑,晋大夫。夜半召优施,既旦而见丕郑。

何?①"曰:"吾对以中立。"丕郑曰:"惜也!②不如曰'不信'以疏之,③亦固太子以携之,④多为之故,以变其志,志少疏,乃可间也。⑤今子曰中立,况固其谋也。⑥彼有成矣,难以得间。"里克曰:"往言不可及也,⑦且人中心唯无忌之,何可败也。⑧子将何如?"丕郑曰:"我无心。是故事君者,君为我心,制不在我。⑨"里克曰:"弑君以为廉,⑩长廉以骄心,因骄以制人家,吾不敢。⑪抑挠志以从君,为废人以

① 谓子曾对优施以何言。
② 惜其失言。
③ 曰不信者,拒优施以不然。拒之以不然,则骊姬意疏,不敢必。
④ 固,固持。携,离。固持太子以离骊姬之党。
⑤ 故,谓计术。间,亦离。言多作计术以变易其志,志意疏,乃可离间之。
⑥ 况,益。言是益固强其谋。
⑦ 已往之言,不可追及。
⑧ 言骊姬唯无忌难之心,执之已固,何可败其计谋。
⑨ 言我自无心,不能自在。事君之臣,以君为心,故其裁制亦不由我。
⑩ 廉,直。言以太子故,弑君以自为直。
⑪ 制,裁。言自大其廉直,而有骄人之心,因骄以裁制人之父子,吾不敢为。

自利也,^①利方以求成人,吾不能。^②将伏也。^③"明日,称疾不朝^④。三旬,难乃成^⑤。……

惠公入而背外内之赂

惠公入而背外内之赂。^⑥舆人诵之曰:^⑦"佞之见佞,果丧其田。^⑧诈之见诈,^⑨果丧其赂。得之而狃,终逢其咎。^⑩丧田不惩,祸乱其兴。^⑪"既里、㔻死

---

① 挠,屈。人,谓申生。言抑挠屈其志,从君之心,废申生以图自利。
② 方,犹向。人,谓奚齐。言利君之趋向,以成奚齐之立,吾亦不能为。
③ 言将隐藏。
④ 朝,cháo。
⑤ 言三旬后,申生被杀之祸难乃成。
⑥ 惠公,献公庶子,重耳之弟,惠公夷吾也。外,谓秦。内,谓里克、㔻郑。言惠公既入为君,乃背弃所许秦及里、㔻之赂而不与。《左传》僖十五年:"晋侯许赂中大夫,既而皆背之;赂秦伯以河外列城五,东尽虢略,南及华山,内及解梁城,既而不与。"
⑦ 舆,众。不歌曰诵,又恨谤亦曰诵。《左传》僖二十八年:"晋侯患之,听舆人之诵。"
⑧ 伪善为佞。佞,谓里、㔻受惠公赂田而纳之。见佞,谓惠公入而不与。果,犹竟。丧,sàng,亡。言竟亡其田。
⑨ 诈,谓秦以诈立惠公,不置德而置服。见诈,谓惠公入而背之。
⑩ 此谓惠公。狃,niǔ,忕,习惯于。咎,谓其败于韩。
⑪ 此谓㔻郑。不得用,不惩艾,复欲与秦共纳重耳,惠公杀之,所谓祸乱兴。

祸,①公陨于韩。②郭偃曰:"善哉!夫众口,祸福之门。③是以君子省众而动④,监戒而谋,谋度而行,⑤故无不济;内谋外度,考⑥省不倦,日考而习,戒备毕矣。⑦"

元年春

元年春,公及夫人嬴氏至自王城。⑧秦伯纳卫三千人,实纪纲之仆。⑨公属百官,赋职任功。⑩弃责

---

① 既,已。惠公二年春,杀里克;秋,杀丕郑。
② 秦伐晋,战于韩,获惠公以归,陨其师徒。《左传》僖十五年:"壬戌,战于韩原,……秦获晋侯以归。"
③ 夫,fú。郭偃,晋大夫。善舆人之诵豫知之,故云"众口,祸福之门"。
④ 动,行。
⑤ 监,察。度,duó,揆,下同。察众口以为戒,谋事揆义乃行之。
⑥ 考,校。
⑦ 日自考察,习而行之,戒备之道,毕于是矣。
⑧ 公,晋文公重耳。文公元年,即鲁僖二十四年。嬴氏,秦穆公女文嬴。明人穆文熙曰:夫人嬴氏,即辰嬴也。或以为班在九人,盖未睹《国语》纳币亲迎之事耳。既已纳币亲迎,不谓之夫人而何哉?至,来。自,由。言由王城而来。
⑨ 所以设国纪纲,为之备卫仆使。或曰:纪纲之仆,谓仆之有力能经纪庶事者。《左传》僖二十四年:"晋侯逆夫人嬴氏以归,秦伯送卫于晋三千人,实纪纲之仆。"
⑩ 属,会。赋,授。言公大会百官,而授职事,任有功。

薄敛，施舍分寡。①救乏振滞，匡困资无。②轻关易道，通商宽农。③懋穑劝分，省用足财。④利器明德，以厚民性。⑤举善援能，官方定物，⑥正名育类。⑦昭旧族，⑧爱亲戚，明贤良，⑨尊贵宠，⑩赏功劳，事耇老，礼宾旅，⑪友故旧⑫。胥、籍、狐、箕、栾、郤、柏、

---

① 责，同"债"。弃责，除宿债。施舍，应复免不给徭役。分寡，分少财。《左传》僖元年："凡侯伯救患、分灾、讨罪，礼也。"注：分，分谷帛。
② 救乏，救乏绝。振，拯。匡，正。言救乏绝，拯淹滞之士，正穷困之人，予无财者。
③ 轻关，轻其税。易道，除盗贼。通商，利商旅。宽农，宽其政，不夺其时。按：易，治。易道，谓治其道路。《孟子·尽心》："易其田畴，薄其税敛，民可使富也；食之以时，用之以礼，财不可胜用也。"此"易道"，即《孟子》易田畴之意；"轻关""宽农"，即薄税敛，食之以时，用之以礼之意。
④ 懋，勉。勉之以稼穑。劝分，谓有无相济。省用足财，谓省减国用，足财备凶年。按：懋穑二句，与《左传》僖二十一年"夏大旱，……臧文仲曰：……贬食省用，务穑劝分"其句意相同。
⑤ 言利器用，明德教，而厚其情性。或曰：性读为生。
⑥ 方，常。物，事。言举贤善之士，援引才能之人，立其常官，以定百事。
⑦ 正上下服位之名，长育善类。
⑧ 昭，明。旧族，旧臣有功者之族。
⑨ 明，显。显达其贤良之士。
⑩ 国之贵臣，尊礼之。
⑪ 耇，gǒu，寿。旅，客。
⑫ 故旧，谓为公子时之故旧。

先、羊舌、董、韩，实掌近官。①诸姬之良，掌其中官。②异姓之能，掌其远官③。公食贡，大夫食邑，士食田④，庶人食力⑤，工商食官，⑥皂隶食职，⑦官宰食加。⑧政平民阜⑨，财用不匮。

文公问于郭偃

文公问于郭偃⑩曰："始也吾以治国为易，⑪今也难。⑫"对曰："君以为易，其难也将至矣；⑬君以为

---

① 十一族，晋之旧姓。近官，朝廷者。
② 诸姬，同姓。中官，内官。
③ 远官，县鄙。
④ 食田，受公田。
⑤ 食力，各由其力。
⑥ 工，百工。商，官贾。《周礼》：府藏皆有贾人，以知物价。食官，官廪之。
⑦ 《左传》昭七年："天有十日，人有十等，下所以事上，上所以共神也。故王臣公，公臣大夫，大夫臣士，士臣皂，皂臣舆，舆臣隶，隶臣僚，僚臣仆，仆臣台。"食职，言各以其职大小食禄。
⑧ 官宰，家臣。加，大夫之加田。既赏之，又加赐以田，所以厚恩也。或曰："加"当作"家"。加田，非大夫人人所能有也。
⑨ 阜，安。
⑩ 郭偃，即卜偃，已见《惠公入而背外内之赂》篇。
⑪ 文公谓：其初吾以国为易治。
⑫ 而今者以之为甚难。
⑬ 以为易而轻忽之，故其难将至。

难,其易也将至焉。^①"

文公问于胥臣

文公问于胥臣^②曰:"吾欲使阳处父傅讙也,^③而教诲之,其能善之乎?"对曰:"是在讙也。籧篨不可使俯,^④戚施不可使仰,^⑤僬侥不可使举,^⑥侏儒不可使援,^⑦矇瞍^⑧不可使视,嚚瘖^⑨不可使言,聋聩^⑩不可使听,童昏不可使谋。^⑪质将善而贤良赞之,则

---

① 以为难而勤修之,故其易将至。
② 胥臣,姓胥,名臣,字季子,为晋司空,食采于臼,故人称之曰"臼季"或"司空季子"。
③ 阳处父,晋大夫阳子。傅,师父。讙,文公子襄公名。
④ 籧篨,qúchú,偃人,不可使俯。校订者按:偃人,身体僵硬不能俯身之人。
⑤ 戚施,偻人,不可使仰。校订者按:偻人,身体驼背不能直身之人。
⑥ 僬侥,jiāoyáo,长三尺,不可使举重。
⑦ 侏,zhū。侏儒,短者,不可使抗援。
⑧ 矇瞍,已见《厉王虐国人谤王》篇。
⑨ 嚚瘖,yínyīn。《左传》僖二十四年:"口不道忠信之言为嚚。"瘖,不能言者。
⑩ 聋,无闻。《左传》僖二十四年:"耳不听五声之和为聋。"聩,kuì,生而聋曰聩。
⑪ 童,无知。昏,暗乱。不可使谋议。

济可俟。①若有违②质,教将不入,③其何善之为!④臣闻:昔者大任娠文王不变,⑤少溲于豕牢而得文王,⑥不加疾焉。⑦文王在母不忧,⑧在傅弗勤,处师弗烦,事王不怒,⑨敬友二虢,⑩而惠慈二蔡,刑于大姒,⑫比

---

① 赞,导。济,成。俟,待。言其姿质既善,而又得贤良赞导之,则其成可待。
② 违,邪。《左传》桓二年:"将昭德塞违。"注:违,邪也。
③ 不入其心。
④ 言不能使之善。
⑤ 大,tài。娠,shēn,有身。不变,不变动。《列女传》:"太任者,文王之母,挚任氏中女也。王季娶为妃。太任之性,端一诚庄,惟德之行。及其有娠,目不视恶色,耳不听淫声,口不出敖言。能以胎教。溲于豕牢而生文王。文王生而明圣。"《诗·大雅·大明》:"挚仲氏任,自彼殷商。来嫁于周,曰嫔于京。乃及王季,维德之行。大任有身,生此文王。"
⑥ 少溲,小便。豕牢,厕。姚鼐云:溲同溞,盖古字通,谓浣濯也。浣于豕牢之侧,而生文王。其时君民不甚分,故豕牢近公宫,而后妃亲浣,于《笃公刘》《葛覃》之诗,可以征矣。
⑦ 不加疾,谓不加病痛。
⑧ 在母孕时,体不变,故不忧。姚云:在母,谓乳哺时。
⑨ 事王不怒,谓文王奉事王季,使不加怒。
⑩ 善兄弟为友。二虢,文王之母弟虢仲、虢叔。《左传》僖五年:"虢仲、虢叔,王季之穆也。"
⑪ 惠,爱。管叔亦为蔡,故曰"二蔡"。
⑫ 大,tài。刑,法。太姒,文王妃。《诗·大雅·大明》:"缵女维莘,长子维行,笃生武王。保右命尔,燮伐大商。"又《思齐》:"大姒嗣徽音,则百斯男。"

于诸弟。①《诗》云：'刑于寡妻，至于兄弟，以御于家邦。'②于是乎用四方之贤良。③及其即位也，询于八虞，④而谘于二虢；⑤度于闳夭，而谋于南宫；⑥诹于蔡原，而访于辛尹。⑦重之以周、邵、毕、荣，⑧亿宁百神，⑨而柔和万民。⑩故《诗》云：'惠于宗公，神罔时恫。'⑪若是则文王非专教诲之力也。"

公曰："然则教无益乎？"对曰："胡为？文益其质，⑫故人生而学，非学不入⑬。"公曰："奈夫

---

① 比，亲。诸弟，同宗之弟。
② 《诗·大雅·思齐》之二章。刑，仪法。寡妻，犹言寡小君。御，治。言其仪法内施于闺门，而至于兄弟，以御于家邦。
③ 以自辅。
④ 询，谋。八虞，周八士，皆虞官：伯达、伯适、仲突、仲忽、叔夜、叔夏、季随、季骃。
⑤ 谘，谋。谋于二虢。
⑥ 度，duó，谋。闳夭、南宫适，皆周贤臣。
⑦ 诹、访，皆谋。蔡，蔡公，即二蔡之一。原，原公。辛，辛甲。尹，尹佚。皆周太史。尹佚，即史佚，又作"逸"。
⑧ 周、邵、毕、荣，谓周文公、邵康公、毕公、荣公。
⑨ 亿，安。百神安宁。
⑩ 柔，安。万民安和。
⑪ 亦《思齐》之二章。惠，顺。宗公，大臣。恫，tōng，痛。言文王为政谘于大臣，顺而行之，故鬼神无怨痛之者。
⑫ 言有美质，加以文采乃善。
⑬ 不入，不入于道。

八疾何？①"对曰："官师之所材也：②戚施直镈③，籧篨蒙璆，④侏儒扶卢⑤，矇瞍修声，⑥聋聩司火，⑦童昏、嚚瘖、僬侥，官师之所不材也，⑧以实裔土。⑨夫教者，因体能质而利之者也。⑩若川然有原，以卬浦而后大。⑪"

臼季使舍于冀野

臼季使，舍于冀野。⑫冀缺薅，其妻馌之，⑬敬，

---

① 夫，fú，下同。八疾，籧篨、戚施、僬侥、侏儒、矇瞍、嚚瘖、聋聩、童昏。
② 师，长。材，古"裁"字。
③ 镈，bó，钟。直，主击钟。
④ 蒙，戴。璆，qiú，玉磬。不能俯，故使之戴磬。
⑤ 扶，缘。卢，矛戟之柲，缘之以为戏。
⑥ 无目，于音声审，故使修之。
⑦ 耳无闻，于视则审，故使司火。
⑧ 所不能材用。
⑨ 以之实荒裔之土。
⑩ 因其身体有质可成济者，就而通利之。
⑪ 卬，通"迎"，迎。言如川有原，因开利迎之以浦，然后益大。
⑫ 臼季，胥臣，已见《文公问于胥臣》篇。舍，止。郊外曰野。冀，晋邑，今山西河津市东，有冀亭，即古冀国，晋灭之为邑；又有如宾乡，相传即郤缺耨处。
⑬ 冀缺，郤成子。薅，hāo，去田草，《左传》及万历本作"耨"。馌，yè，野馈曰馌；《诗·小雅·甫田》："馌彼南亩。"

相待如宾。^①从而问之,冀芮之子也。与之归。既复命而进之,曰:"臣得贤人,敢以告。"文公曰:"其父有罪,可乎?^②"对曰:"国之良也,灭其前恶。^③是故舜之刑也殛鲧,^④其举也兴禹。今君之所闻也,齐桓公亲举管敬子,其贼也。^⑤"公曰:"子何以知其贤也?"对曰:"臣见其不忘敬也。夫敬,德之恪也,恪于德以临事,其何不济!^⑥"公见之。使为下军大夫。^⑦

阳处父如卫

阳处父如卫,^⑧反,过宁,^⑨舍于逆旅宁嬴氏。^⑩

---

① 夫妇相敬如宾。
② 文公元年,缺父冀芮,谋弑文公,秦伯杀之。
③ 言为国之贤良,当灭除其前之罪恶。
④ 殛,jí。谓拘囚困苦之。鲧,gǔn,禹父,舜所诛四凶之一。《书·舜典》:"殛鲧于羽山。"
⑤ 敬子,管仲之谥。《左传》僖三十三年:"管敬仲,桓之贼也,实相以济。"按:乾时之役,管仲射桓公中带钩,故此言其贼也。
⑥ 《左传》僖三十三年:"敬,德之聚也,能敬必有德,德以治民。"
⑦ 在文公时。而于此言之者,以襄公能继父志用冀缺。
⑧ 父,fǔ。处父,晋太傅阳子。《左传》文五年:"阳处父聘于卫。"
⑨ 反,同"返"。宁,晋邑,今河南修武县东,有宁城。
⑩ 旅,客。逆客而舍之。嬴,其姓,逆旅之主人。

嬴谓其妻曰:"吾求君子久矣,今乃得之,举而从之。①"阳子道与之语,及山而还。②

其妻曰:"子得所求而不从之,何其怀③也!"曰:"吾见其貌而欲之,闻其言而恶④之。夫貌,情之华也;⑤言,貌之机也。⑥身为情,⑦成于中。言,身之文也,⑧言文而发之,合而后行,离则有衅。⑨今阳子之貌济,其言匮,⑩非其实也。若中不济而外强之,⑪其卒将复,⑫中以外易⑬矣。若内外

---

① 举,起。言当兴起而从之。
② 山,温峤山,一名温山,在河南修武县北五十里。《左传》作"及温而还"。
③ 怀,思。
④ 恶,wù。
⑤ 夫,fú,下同。言容貌者,情之华采。
⑥ 言语者,容貌之枢机。
⑦ 情生于身。
⑧ 《左传》僖二十四年:"言,身之文也。"《唐书·徐彦伯传》:"言者,德之柄也,行之主也,志之端也,身之文也。"
⑨ 合,谓情、言、貌。三者合而后行之。衅,瑕。
⑩ 济,成。匮,乏,言不副貌为匮。按:济,犹济济,多威仪也。《诗·大雅·文王》:"济济多士。"言阳子容貌威仪虽善,而其言不能副其貌,匮乏不足。
⑪ 谓情不足,而貌强为之;即所谓外虽有强形,而内实干竭。
⑫ 复,反。言终将反其情。
⑬ 易,犹异。

类①而言反之,渎②其信也。夫言以昭信,奉之如机,③历时④而发之,胡可渎也!今阳子之情谞⑤矣,以济盖也。⑥且刚而主能,⑦不本而犯,⑧怨之所聚也。吾惧未获其利而及其难,⑨是故去之。"期年⑩,乃有贾季之难,阳子死之。⑪

宋人弑昭公

宋人弑昭公。⑫赵宣子请师于灵公,⑬以伐宋。公

---

① 类,善。
② 渎,轻。
③ 如枢机之相应。
④ 历时,言思察之详熟。
⑤ 谞,huì,辩察。按:谞,诸本皆作"譓"。
⑥ 济,成。成其容貌,以盖其短。
⑦ 主,上。言性刚直,而高上其材能。
⑧ 渎言其行不本仁义,而好陵犯人。《左传》文五年:"犯而聚怨,不可以定身。"
⑨ 难,nàn,下同。《左传》文五年:"余惧不获其利,而离其难。"
⑩ 期,jī,四时曰期。
⑪ 贾季,狐偃之子射姑。食邑于贾。鲁文六年,晋蒐于夷,舍二军,复成国之制。狐射姑将中军,赵盾佐之。阳子至自温,改蒐于董,使赵盾将中军,射姑佐之。射姑怨阳子之易其班也,狐鞫居杀阳处父而奔翟。
⑫ 宋人,宋成公之子文公鲍。昭公,鲍之兄杵臼。《左传》文十六年:"书曰:宋人弑其君杵臼,君无道也。"按:弑,万历本作"杀"。
⑬ 宣子,晋正卿,赵衰之子,宣孟盾。灵公,名夷皋,襄公之子。

曰:"非晋国之急也。"对曰:"大者天地,其次君臣,所以为明训也。① 今宋人弑其君,是反天地而逆民则②也,天必诛焉。晋为盟主,而不修③天罚,将惧及焉。④"公许之。及发令于太庙,召军吏而戒乐正,⑤令三军之钟鼓必备。

赵同曰:"国有大役,⑥不镇抚民而备钟鼓,何也?"宣子曰:"大罪伐之,小罪惮之。⑦袭侵之事,陵也。⑧是故伐备钟鼓,声其罪也;⑨战以镎于、丁宁,儆其民也;⑩袭侵密声,为暂事也。⑪今宋人弑

---

① 言尊卑各得其所,以明教训。
② 则,法。
③ 修,行。
④ 将惧祸乱之及己。
⑤ 正,长。军吏主师旅,乐正主钟鼓。
⑥ 赵同,赵盾之弟,晋大夫原同。役,事。
⑦ 惮,惧。小罪则惧之而已。
⑧ 陵,以大陵小。《左传》庄二十九年:"无曰侵,轻曰袭。"注:"侵者,加陵之意,寝其钟鼓,潜入其竟,往侵陵之。袭者,重衣之名,倍道轻行,掩其不备,忽然而至,若披衣然。"
⑨ 以声张其罪。《左传》庄二十九年:"凡师,有钟鼓曰伐。"注:"鸣钟鼓以声其过,曰伐。"
⑩ 《周礼》:鼓人以金镎和鼓。注:镎于,圜如碓头,大上小下,乐作鸣之,与鼓相和。丁宁,钲,形如小钟,军行鸣之,以为鼓节。《左传》宣四年:"及鼓跗,著于丁宁。"儆,戒。
⑪ 暂其无备。

其君，罪莫大焉！明声之，犹恐其不闻也。吾备钟鼓，为君故也。^①"乃使旁告于诸侯，治兵振^②旅，鸣钟鼓以至于宋。^③

范文子暮退于朝

范文子暮退于朝。^④武子^⑤曰："何暮也？"对曰："有秦客廋辞于朝，^⑥大夫莫之能对也，吾知三焉。^⑦"武子怒曰："大夫非不能也，让父兄^⑧也。尔童子而三掩^⑨人于朝。吾不在晋国，亡无日矣！"击之以杖，折委笄。^⑩

---

① 为明欲尊君道。
② 振，奋。
③ 《左传》文十七年："晋荀林父、卫孔达、陈公孙宁、郑石楚伐宋，讨曰：何故弑君？犹立文公而还。"
④ 文子，名燮。朝，cháo。
⑤ 武子，文子之父士会。
⑥ 廋，sōu，隐。谓以隐伏谲诡之言问于朝。东方朔曰："非敢诋之，乃与为隐耳。"
⑦ 谓解其三事。
⑧ 父兄，长老。
⑨ 掩，盖。
⑩ 委，委貌冠。笄，jī，簪，所以系冠使不坠。

赵文子冠

赵文子冠,①见栾武子,武子曰:"美哉!②昔吾逮事庄主,③华则荣矣,实之不知,④请务实乎。"见中行宣子⑤,宣子曰:"美哉!惜也,吾老矣。⑥"见范文子⑦,文子曰:"而今可以戒矣!夫⑧贤者宠至而益戒,不足者为宠骄。⑨故兴王赏谏臣,逸王罚之。⑩吾

---

① 文子,赵盾之孙、赵朔之子赵武。冠,guàn。《白虎通》:冠者,卷也,卷持其发也。《礼·内则》:"二十而冠,始学礼,可以衣裘帛,舞大夏,惇行孝弟,博学不教,内而不出。"又《曲礼》:"男子二十冠而字。"
② 武子,栾书。《礼·冠义》:"玄冠玄端,奠挚于君,遂以挚见于乡大夫、乡先生。"美哉,美成人。
③ 逮,dài,及。庄,庄子,赵朔之谥,大夫称主。赵朔尝将下军,栾书佐之。
④ 荣者,有色貌。实之不知,华而不实。《论语·子罕》:"秀而不实者,有矣夫。"注:"吐华曰秀,成谷曰实。"盖学而不至于成,有如此者。
⑤ 行,háng。宣子,晋大夫,中行桓子之子荀庚。桓子始将中军,自此以为族,世称"中行"。
⑥ 惜已年老,不见文子德所至。
⑦ 文子,范燮。已见《范文子暮退于朝》篇。
⑧ 夫,fú,下同。
⑨ 智不足者,得宠而骄。
⑩ 兴盛明君,赏忠谏之臣;而淫逸之君,乃罚戮之。

闻古之言王者，政德既成，又听于民。① 于是乎使工诵谏于朝，② 在列者献诗，使勿兜，③ 风听胪言于市，④ 辨袄祥于谣，⑤ 考百事于朝，⑥ 问谤誉于路，有邪而正之，尽戒之术⑦也。先王疾是骄也。"见郤驹伯⑧，驹伯曰："美哉！然而壮不若老者多矣。⑨"见韩献子⑩，献子曰："戒之！此谓成人。成人在始与善⑪，始与

---

① 询于刍荛，听谤誉。校订者按：刍荛，割草打柴的人。询于刍荛，向普通老百姓了解情况，征求意见。
② 工，矇瞍。诵，诵读前世箴谏之语。前《厉王虐国人谤王》篇："师箴，瞍赋，矇诵，百工谏。"
③ 列，位。谓公卿至于列士，献诗以讽。兜，惑。校订者按：兜，当为"兆"。《说文》："兆，廱蔽也"，"读若瞽"。勿兆，谓勿廱蔽。又"兆"与"蛊"相通，"蛊"有惑义。
④ 风，采。胪，传。采听商旅所传善恶之言于市。
⑤ 辨，别。袄，恶。祥，善。行歌曰谣。辨别善恶之政于谣歌。按：《尔雅·释乐》："徒歌谓之谣。"戴侗曰："歌必有度曲声节。谣则但摇曳永诵之，童儿皆能为之，故有童谣也。"
⑥ 考百官职事于朝。
⑦ 术，道。
⑧ 驹伯，晋卿郤锜。
⑨ 恃年自矜。
⑩ 献子，晋卿韩厥。
⑪ "成人在始"包括"始与善""始与不善"两方面，此处"与善"二字因下句"始与善"而衍。——校订者注

善,善进善,不善蔑由至矣。①始与不善,不善进不善,善亦蔑由至矣。如草木之产也,各以其物②。人之有冠,犹宫室之有墙屋也,粪除③而已,又何加焉。"见智武子④,武子曰:"吾子勉之!成、宣之后,而老为大夫,非耻乎?⑤成子之文,宣子之忠,其可忘乎?夫成子导前志以佐先君,导法而卒以政,⑥可不谓文乎?夫宣子,尽谏于襄、灵⑦,以谏取恶,不惮死进,可不谓忠乎?吾子勉之!有宣子之忠,而纳之以成子之文,事君必济⑧。"见苦成叔子⑨,叔子曰:"抑年少而执官者众,⑩吾安容子。"见温季子⑪,

---

① 蔑,无。无由至。
② 物,类。
③ 粪除,喻自修洁。
④ 武子,晋卿,荀首之子荀䓨。
⑤ 成,成子,文子曾祖赵衰。宣,宣子,文子祖父赵盾。文子二贤之后,长老乃为大夫,非耻乎?欲其修德早为卿。
⑥ 导,达。志,记。佐,助。先君,文公。以政,得政。
⑦ 襄公,文公之子,灵公之父。
⑧ 济,成。
⑨ 苦成叔子,郤犨,郤驹伯之从父兄弟,食采于苦,故曰"苦成叔"。
⑩ 少,shào。执官为大夫者众。
⑪ 温季子,晋正卿郤至。

季子曰："谁之不如，可以求之。①"见张老而语之。②张老曰："善矣！从栾伯之言可以滋③，范叔之教可以大，韩子之戒可以成。物备矣，志在子。④若夫三郤，亡人之言也，何称述焉。⑤智子之道⑥善矣，是先主覆露子也。⑦"

悼公与司马侯升台

悼公与司马侯升台而望，⑧曰："乐夫！⑨"对曰："临下之乐则乐矣；德义⑩之乐则未也。"公曰："何谓德义？"对曰："诸侯之为⑪，日在君侧，以其善行，以其恶戒，可谓德义矣。"公曰："孰能？"

---

① 言汝不如谁，可以求其次，不欲其高远。
② 张老，晋大夫张孟。语，yù，以言告人。
③ 滋，益。
④ 物，事。人事已备，能行与否，在子之志。
⑤ 不足称述。
⑥ 道，训。
⑦ 先主，谓成、宣。露，润。
⑧ 悼公，晋襄公曾孙周子。司马侯，晋大夫女叔齐。
⑨ 乐，lè，下同。夫，fú。乐见士民之殷富。
⑩ 善善为德，恶恶为义。
⑪ 为，行。

对曰:"羊舌肸习于《春秋》。①"乃召叔向使傅太子彪②。

叔鱼生

叔鱼生,其母视之,③曰:"是虎目而豕喙,④鸢肩而牛腹。⑤溪壑可盈,是不可餍也。⑥必以贿死。⑦"遂不视。⑧杨食我⑨生,叔向之母闻之,往及堂,闻其号也,乃还,曰:"其声,豺狼之声,终灭羊舌

---

① 肸,叔向之名,羊舌其氏,羊舌职之子。《春秋》,纪人事之善恶而目以天时,谓之春秋,周史之法也。时孔子未作《春秋》。
② 彪,平公。
③ 叔鱼,晋大夫,叔向母弟羊舌鲋。视,相察。
④ 喙,huì。《易·颐卦》:"虎视眈眈。"豕喙长而锐。言其目凶狠如虎,口长锐似豕。《左传》昭四年:"深目而豭喙。"
⑤ 鸢,yuān,鸷鸟;状似鹰,嘴短,尾长,体褐色,俗谓之鹞鹰。鸢肩,言其肩上竦似鸢。《后汉书》:"(梁冀)鸢肩豺目。"《唐书》:"(马周)鸢肩火色。"牛腹胁张,言其似之。
⑥ 水注川曰溪。壑,沟。言溪壑犹可盈满,惟其心志无餍足之时,谓其贪欲之甚。
⑦ 《左传》昭十四年:"晋邢侯与雍子争鄐田,久而无成。士景伯如楚,叔鱼摄理,韩宣子命断旧狱,罪在雍子。雍子纳其女于叔鱼,叔鱼蔽罪邢侯。邢侯怒,杀叔鱼与雍子于朝。"
⑧ 不自养视。
⑨ 食,sì。杨,叔向邑。食我,叔向子伯石,其母夏姬之女。

氏之宗者，必是子也。①"

平公射鴳不死

平公射鴳不死，②使竖襄③搏之，失，公怒，拘将杀之。叔向闻之，夕④。君告之，叔向曰："君必杀之。昔吾先君唐叔，射兕于徒林，殪以为大甲，⑤以封于晋。⑥今君嗣吾先君唐叔，射鴳不死，搏之不得，是扬吾君之耻者也。君其必速杀之，勿令远闻。⑦"君忸怩⑧，乃趣⑨赦之。

---

① 宗，同宗。食我既长，党于祁盈，盈获罪，晋杀盈，遂灭祁氏、羊舌氏。《左传》昭二十八年："姑视之，及堂，闻其声而还。曰：'是豺狼之声也，狼子野心，非是莫丧羊舌氏矣。'遂弗视。"
② 平公，悼公之子彪。鴳，yàn，鷃鴳，小鸟。高诱曰："鴳，一名冠爵，于《五行传》羽虫之孽。"
③ 竖，内竖。《周礼》："内竖掌内外之通令凡小事。"襄，其名。
④ 夕朝曰夕。
⑤ 殪，yì，矢而死曰殪。兕，似牛而青，善触人，其皮坚厚可制甲。《诗·小雅·吉日》："殪此大兕。"徒林，林名。甲，铠。
⑥ 言有才艺以受封爵。
⑦ 杀之益闻，诡辞以谏。
⑧ 忸怩，niǔní，惭貌。《书·五子之歌》："颜厚有忸怩。"注："忸怩，愧之发于心也。"《孟子·万章》："郁陶思君尔，忸怩。"注："忸怩，惭色也。"
⑨ 趣，cù，疾。

晋语第四

赵文子为室

赵文子为室,①斫其椽而砻之。②张老夕焉而见之,③不谒④而归。文子闻之,驾而往,曰:"吾不善,子亦告我,何其速也?⑤"对曰:"天子之室,斫其椽而砻之,加密石焉;⑥诸侯砻之,⑦大夫斫之,⑧士首之。⑨备其物,义也;⑩从其等,礼也。⑪今子贵而忘义,富而忘礼。吾惧不免,何敢以告。"文子归,令之勿砻也。匠人请皆斫之,⑫文子曰:"耻为⑬后世之见之也。其斫

---

① 文子,晋正卿赵武;朔之子,盾之孙,庄姬所生。室,宫。《周礼》注:"城郭之宅曰室。"
② 斫,zhuó。椽,chuán,榱。《左传》桓十四年:"以大宫之椽,归为卢门之椽。"砻,lóng,磨。
③ 张老,已见《赵文子冠》篇。见匠者为之。
④ 谒,告。
⑤ 言吾有不善,子亦可以告我,何其去之速也?
⑥ 密,细密纹理。石,谓砥。先粗砻之,加以密砥。
⑦ 无密石。
⑧ 不砻。
⑨ 斫其首。
⑩ 物备得宜谓之义。
⑪ 从尊卑之等谓之礼。
⑫ 通更斫之。
⑬ 为,使。

者，仁者之为也；其咎者，不仁者之为也。"

叔向见韩宣子

叔向见韩宣子，①宣子忧贫，叔向贺之。宣子曰："吾有卿之名而无其实②，无以从二三子，③吾是以忧。子贺我何故？"对曰："昔栾武子无一卒之田，④其宫不备其宗器，⑤宣其德行，顺其宪则，使越于诸侯；⑥诸侯亲之，戎狄怀之，⑦以正晋国，行刑不疚⑧，以免于难。⑨及桓子骄泰奢侈，贪欲无艺，⑩略则⑪行志，假货居贿，⑫

---

① 叔向，见《悼公与司马侯升台》篇。宣子，晋卿韩起，韩厥之子，韩无忌之弟。
② 实，财。
③ 从，随。随其赙赠之属。
④ 上大夫一卒之田，栾书为晋上卿，而又不及。校订者按：他本或作"昔栾武子无一卒之田"。
⑤ 宫，室。宗器，祭器。
⑥ 越，发闻。言使其声闻扬溢于诸侯。
⑦ 怀，归。戎狄感其德化而来归。《书·大禹谟》："黎民怀之。"
⑧ 疚，病。
⑨ 难，nàn，下同。免弑君之难。
⑩ 桓子，栾书之子黡。艺，极。贪欲无艺，贪欲无厌极。
⑪ 略，犯。则，法。
⑫ 居，蓄。蓄积财贿。《书·益稷》："懋迁有无化居。"注：化居，"交易变化其所居积之货也"。《汉书·食货志》："（富商）转毂百数，废居居邑。"注："废居，贮蓄之名。"

宜及于难，而赖武之德，以没其身。及怀子①改桓之行，而修武之德，可以免于难，而离桓之罪，以亡于楚。②夫郤昭子③，其富半公室，其家半三军，恃其富宠，以泰于国。④其身尸于朝，其宗灭于绛。⑤不然，夫八郤五大夫三卿，⑥其宠大矣。一朝而灭，莫之哀也，唯无德也。今吾子有栾武子之贫，吾以为能其德矣，⑦是以贺。若不忧德之不建，而患货之不足，将吊不暇，何贺之有？"宣子拜稽首⑧焉，曰："起也将亡，赖子存之；非起也敢专承之，⑨其自桓叔⑩以下，嘉吾子之赐。"

---

① 怀子，栾桓子之子盈。
② 离，遭。亡，奔。《左传》襄二十一年："秋，晋栾盈出奔楚。"
③ 昭子，晋正卿郤至。
④ 依恃其富宠，奢泰于国。
⑤ 《左传》成十七年："壬午，胥童、夷羊五帅甲八百将攻郤氏。长鱼矫请无用众，公使清沸魋助之，抽戈结衽而伪讼者。三郤将谋于榭，矫以戈杀驹伯（郤锜）、苦成叔（郤犨）于其位。温季（郤至）曰：'逃威也。'遂趋。矫及诸其车，以戈杀之。皆尸诸朝。"绛，晋旧都，今山西新绛县。
⑥ 三卿，郤犨、锜、至。又有五人为大夫。
⑦ 能行其德。
⑧ 稽，qǐ。拜稽首，下拜，首至地。《书·舜典》："禹拜稽首。"
⑨ 专独承受。
⑩ 桓叔，韩氏之祖，曲沃桓叔。桓叔生子万，受韩以为大夫，是为韩万。

范献子聘于鲁

范献子聘于鲁,①问具山、敖山,鲁人以其乡对。②献子曰:"不为具、敖乎?"对曰:"先君献、武之讳也。③"献子归,遍戒其所知曰:"人不可以不学。吾适鲁而名其二讳为笑焉,唯不学也。④人之有学也,犹木之有枝叶也;木有枝叶犹庇荫人,而况君子之学乎?"

董叔将娶于范氏

董叔将娶于范氏,⑤叔向曰:"范氏富,盍已乎?⑥"曰:"欲为系援焉。⑦"他日,董祁⑧诉于范献

---

① 献子,范宣子之子士鞅,聘在鲁昭二十一年。
② 具山,在今山东蒙阴县东北十五里。敖山,在蒙阴县西北三十五里。以其乡对,言其乡之山。
③ 献,伯禽之曾孙,微公之子,献公具。武,献公之庶子,武公敖。《左传》桓六年:"先君献、武废二山。"讳,忌。《公羊传》闵元年:"《春秋》为尊者讳,为亲者讳,为贤者讳。"
④ 言学则必知讳,不见笑。《礼》:入境而问禁,入门而问讳。
⑤ 董叔,晋大夫。范氏,范宣子之女。
⑥ 言富必骄,骄必陵人。已,止。
⑦ 欲自系缀以为援助。
⑧ 祁,董叔之妻,献子之妹,范姓,祁名。

子曰:"不吾敬也。"①献子执而纺于庭之槐。②叔向过之。曰:"子盍为我请乎?"③叔向曰:"求系,既系矣;求援,既援矣。欲而得之,又何请焉。"

梗阳人有狱

梗阳人有狱,④将不胜,请纳赂于魏献子。献子将许之。⑤阎没谓叔宽曰:"与子谏乎?⑥吾主以不贿闻于诸侯,⑦今以梗阳之贿殃⑧之,不可。"二人朝⑨而不退。献子将食,问谁于庭。曰:"阎明、叔褒在。"召之使佐⑩食。比已食,三叹。既饱,献子问焉。曰:"人有言曰:'唯食可以忘忧。'吾子一食之间而三叹,何也?"同辞对曰:"吾小人也,贪。

---

① 言董叔待之不以敬。
② 纺,悬。献子执董叔,悬于其庭中槐上。
③ 叔向过而见之,董叔谓叔向曰:"子何不为我请于献子也。"
④ 梗阳,魏氏之邑,在今山西清徐县南。狱,讼。
⑤ 献子,晋正卿,魏戊之父魏舒。《左传》昭二十八年:"冬,梗阳人有狱,魏戊不能断,以狱上,其大宗赂以女乐,魏子将受之。"
⑥ 阎没,阎明。叔宽,女齐之子叔褒。《左传》昭二十八年:"魏戊谓阎没、女宽曰:……吾子必谏。"
⑦ 主,献子。不贿,不贪财。
⑧ 殃,犹病。或曰:殃,败也。
⑨ 朝,cháo。
⑩ 佐,犹劝。

馈之始至，惧其不足，故叹。中食而自咎也，曰：'岂主之食而有不足。'是以再叹。主之既已食，愿以小人之腹，为君子之心，属餍而已。①是以三叹。"献子曰："善。"乃辞梗阳人。②

赵简子叹

赵简子③叹曰："雀入于海为蛤，雉入于淮为蜃，④鼋鼍鱼鳖，莫不能化，⑤唯人不能。哀夫！"窦

---

① 属，适。餍，饱。已，止。适小饱足则自节止。《左传》昭二十八年："同辞而对曰：'或赐二小人酒，不夕食。馈之始至，恐其不足，是以叹。中置自咎曰：岂将军食之而有不足？'是以再叹。及馈之毕，愿以小人之腹，为君子之心，属厌而已。'"注："属，足也。言小人之腹饱犹知厌足，君子之心亦宜然。"
② 善二子善谕而不逆，献子能觉改。《左传》昭二十八年："献子辞梗阳人。"注："《传》言魏氏所以兴也。"
③ 简子，晋卿，赵文子之孙，景子之子，赵鞅志父。校订者按：赵简子名赵鞅，又名志父。
④ 蛤，gé。蜃，shèn。小曰蛤，大曰蜃，皆介物蚌类。《礼·月令》："爵入大水为蛤。"又："雉入大水为蜃。"按：蛤，即今蛤蜊，壳形正圆，色黄褐，轮纹高叠，内白色，亦名"圆蛤"。《山海经》注："（蜃）一名蚌，一名含浆。"
⑤ 鼋，yuán，状似鳖而大，头有磊块，故俗称之曰"癞头鼋"，背色青黄，居于江湖。鼍，tuó，与鳄鱼相近，长二丈余，四足、背、尾、鳞甲俱似鳄鱼，惟后足只具半蹼，生于江湖。鳖，biē，龟属，长四五寸，背褐色，腹白，口尖，甲圆，边缘柔软成肉裙，产于淡水。化，谓蛇成鳖鼋，石首成鶂之类。按：鶂即"鸭"字。

窦犨①侍，曰："臣闻之：君子哀无人②，不哀无贿；哀无德，不哀无宠；哀名之不令，不哀年之不登③。夫范、中行氏不恤庶难，欲擅晋国，今其子孙将耕于齐，宗庙之牺，为畎亩之勤。④人之化也，何日之有！"

智宣子将以瑶为后

智宣子将以瑶为后，⑤智果曰："不如宵也。"⑥宣子曰："宵也佷⑦。"对曰："宵之佷在面，瑶之佷在心；心佷败国，面佷不害。瑶之贤于人者五，其不逮者一也。⑧美鬓⑨长大则贤，射御足力则贤，伎艺毕给⑩则贤，巧文辩惠⑪则贤，强毅果敢则贤。如是而甚不仁，以其五贤陵人，而以不仁行之，其谁能

---

① 窦犨，晋大夫。
② 人，贤人。
③ 登，高。
④ 夫，fú。行，háng。纯色为牺。谕二子皆名族之后，当为祭主在于宗庙，今反放逐畎亩之中，亦是人之化。
⑤ 智宣子，晋卿，荀跞之子甲。瑶，宣子之子襄子智伯。
⑥ 智果，晋大夫，智氏之族。宵，宣子之庶子。
⑦ 佷，很戾不从人。
⑧ 不仁。
⑨ 鬓，发类。《说文》："鬓，颊发也。"
⑩ 给，足。
⑪ 巧文，巧于文辞。惠，通"慧"。

待①之？若果立瑶也，智宗必灭。"弗听。智果别族于太史②为辅氏。及智氏之亡也，唯辅果在。③

智襄子为室美

智襄子为室美，④士茁夕焉，⑤智伯曰："室美夫⑥？"对曰："美则美矣，抑臣亦有惧也。"智伯曰："何惧？"对曰："臣以秉笔事君，志⑦有之曰：'高山峻原，不生草木；⑧松柏之地，其土不肥。⑨'今土木胜，臣惧其不安人也。⑩"室成三年，而智氏亡。⑪

---

① 待，犹假。
② 太史，掌氏姓。
③ 善其知人。
④ 襄子，智伯瑶，已见上篇。美，丽好。
⑤ 士茁，智伯家臣。夕，夕往。
⑥ 夫，fú。
⑦ 志，记。
⑧ 峻，峭。原，陆。言其高险不安，故不生草木。
⑨ 言上茂盛，冬夏有荫，故土不肥。
⑩ 言不两兴。
⑪ 智伯与韩、魏伐赵襄子，围晋阳而灌之，城不浸者三版，智伯行水，魏桓子御，韩康子骖乘。智伯曰："吾今乃知水可以亡人之国。汾水可以灌安邑（安邑，魏也），绛水可以灌平阳（平阳，韩也）。"魏桓子肘韩康子，韩康子蹑魏桓子之足。其夜，赵襄子使张孟谈私于韩、魏，韩、魏反与赵合，遂杀智伯于晋阳之下，而三分其地。在《春秋》获麟后二十七年。

晋语第四

还自卫

还自卫，三卿宴于蓝台。①智襄子戏韩康子而侮段规。②智伯国③闻之，谏曰："主不备，难④必至矣！"曰："难将由我，我不为难，谁敢兴之？"对曰："异于是。⑤夫郤氏有车辕之难，⑥赵有孟姬之谗，⑦栾有叔祁之诉，⑧范、中行有函冶之难，⑨皆主之所知也。《夏书》有之曰：'一人三失，怨岂在

---

① 智襄子伐郑，自卫还。三卿，智襄子、韩康子、魏桓子。蓝台，地名。
② 康子，韩宣子之曾孙，庄子之子虎。段规，魏桓子之相。
③ 伯国，晋大夫，智氏之族。
④ 难，nàn，下同。
⑤ 言所闻与此异。
⑥ 郤犨与长鱼矫争田，执而桔之，与其父母妻子同一辕。既，矫嬖于厉公而灭三郤。在《左传》成十七年。
⑦ 赵，谓赵同、赵括。孟姬，赵文子之母庄姬。庄姬通于赵婴。婴，同、括之弟。同、括放婴于齐，庄姬惭怨，谗同、括于景公，景公杀之。在《左传》成八年。
⑧ 栾，谓栾盈。叔祁，范宣子之女，盈之母，与其老州宾通，盈患之。祁惧其讨也，诉之于宣子，遂灭栾氏。
⑨ 行，háng。函冶，范皋夷之邑。皋夷无宠于范吉射，而欲为乱于范氏。中行寅与范氏相睦，故皋夷谋逐二子，卒灭之。在《左传》定十三年。

明，不见是图。'①《周书》有之曰：'怨不在大，亦不在小。'②夫君子能勤小物③，故无大患。今主一宴而耻人之君相④，又弗备，曰'不敢兴难'，无乃不可乎？夫谁不可喜，而谁不可惧？蚋蚁蜂虿，⑤皆能害人，况君相乎？"弗听。自是五年，⑥乃有晋阳之难。段规反，首难⑦而杀智伯于师，遂灭智氏。

---

① 《夏书·五子之歌》篇。三失，三失人。明，著。不见，未形。按：蔡沈《传》曰："三失者，言所失众也。民心怨背，岂待其彰著而后知之。当于事几未形之时而图之也。"
② 《周书·康诰》篇。言或大而不为怨，祸难或起于小怨。
③ 物，事。
④ 相，xiàng，下同。君，谓康子。相，谓段规。
⑤ 蚋，ruì，形似蜂而稍长，色黑，胸背膨大如球，翅明透而阔，脚细长，胫节白。《说文》："秦、晋谓之蚋，楚谓之蚊。"《孟子·滕文公》："蝇蚋姑嘬之。"虿，chài，蝎属。《左传》僖二十二年："蜂虿有毒。"《诗·小雅·都人士》："彼君子女，卷发如虿。"《笺》："（虿）尾末揵然，似妇人发，末曲上卷然。"
⑥ 自蓝台后五年。
⑦ 言段规首为策作难，反智伯者。

郑语第五

桓公为司徒

桓公为司徒,①甚得周众与东土之人。②问于史伯曰:"王室多故,③余惧及焉;其何所可以逃死?"史伯对曰:"王室将卑,戎狄必昌④,不可逼⑤也。当成周⑥者:南有荆蛮、申、吕、应、邓、陈、蔡、

---

① 桓公,名友,郑始封之君;周厉王之少子,宣王之弟。宣王封之于郑,幽王八年为司徒。
② 周众,西周之民。东土,陕以东。
③ 史伯,宣王之太史,名颖,字硕父。故,犹难。
④ 昌,盛。
⑤ 逼,迫。
⑥ 成周,洛邑,在今河南洛阳市西北。

随、唐,① 北有卫、燕、狄、鲜虞、潞、洛、泉、徐蒲,② 西有虞、虢、晋、隗、霍、杨、魏、芮,③ 东

---

① 荆蛮,芈姓之蛮,鬻熊之后。申、吕,姜姓;今河南南阳市北有申城,又市西有吕城,或曰:"即古申、吕国也。"应,姬姓,武王子所封,今河南鲁山县东应城是也。邓,曼姓,今湖北襄阳市东北邓城是也。陈,妫姓,今河南淮阳县是也。蔡,姬姓,今河南上蔡县是也。随,姬姓,今湖北随县是也。唐,祁姓,今湖北随县西北唐城镇是也。校订者按:唐有祁姓、姬姓,湖北之唐,源自姬姓。《国语》韦昭注:"应、蔡、随、唐,皆姬姓也。"

② 卫,姬姓,武王同母少弟康叔封之后。武王封康叔于卫,今河南淇县东北朝歌城是也。燕,南燕,姞姓,今河南卫辉市东胙城是也。或曰:燕,北燕,姬姓,召公奭之后。狄,北狄,今山西大同市等是也。鲜虞,姬姓在狄者,今河北正定县西北有鲜虞亭。潞、洛、泉、徐蒲,皆赤狄隗姓。潞,即潞氏,今山西潞城市是也。洛,即伊洛之戎,今河南故洛城西南有戎城。泉,即泉皋之戎,今洛阳市西南有前城,即泉戎地。徐蒲,即徐吾氏,茅戎别种,今河南三门峡市陕州区是也。

③ 八国皆姬姓。虞,虞仲之后,今山西平陆县东北有虞城,是也。虢,虢叔之后,西虢。今陕西宝鸡市东桃虢城,其国都也;后随平王东迁,更封于上阳。晋,周武王少子唐叔虞之后;成王封虞叔于唐,始都于翼,今山西翼城县是也。隗,未详。或曰:隗,"随"字形似之误,即今湖北随县。或曰:隗,《公羊传》"楚人灭隗",《左传》作"夔",今湖北秭归县东夔子城是也。霍,今山西霍州市西有古霍城。杨,即今山西洪洞县东南杨城。魏,今山西芮城县东北有古魏城。芮,今陕西大荔县南是也。

郑语第五

有齐、鲁、曹、宋、滕、薛、邹、莒。[①]是非王之支子母弟甥舅也,则皆蛮荆戎狄之人也;[②]非亲则顽,[③]不可入也。其济、洛、河、颍之间乎?[④]是其子男之国,虢、郐为大;[⑤]虢叔恃势,郐仲恃险,[⑥]

[①] 齐,姜姓,太公望之后,封于营丘,今山东淄博市临淄区是也。鲁,姬姓,周文王第四子周公旦所封,都于曲阜,今山东曲阜市是也。曹,姬姓,武王同母弟叔振铎所封。武王克商,封叔振铎于曹,今山东定陶县是也。宋,子姓,出自商王帝乙之长庶子启,食采于微,谓之微子。周武王诛纣,立其子武庚,武庚以三监畔,成王诛之,乃更封微子于宋,今河南商丘市是也。滕,姬姓,周文王子叔绣所封,今山东滕州市是也。薛,任姓,黄帝之后奚仲封于薛,今山东滕州市有薛城。邹,即邾,曹姓,出自陆终第五子晏安之后武王克商,封其苗裔曹挟于邾为附庸,今山东邹城市东南有古邾城。莒,嬴姓,出自少昊之后,武王封兹舆期于莒,今山东莒县是也。

[②] 王支子母弟,姬姓是也。甥舅,异姓是也。蛮荆,楚也。戎狄,北狄,潞、洛、泉、徐蒲是也。

[③] 亲,谓支子甥舅。顽,谓蛮荆戎狄。

[④] 言此四水之间可逃,谓左济、右洛、前颍、后河。济水,源出河南济源市西王屋山,东南流为猪龙河,入河。洛水,源出陕西洛南县之秦岭,东流经河南三门峡市,至荥阳汜水入河。河,源出青海巴颜喀拉山,经甘肃、陕西、山西、河南、河北、山东,入于海。颍,源出河南登封市,东南流,经开封、许昌、淮阳,合大沙河,又东南入安徽阜阳,合小沙河,至寿县入淮。

[⑤] 虢,姬姓,虢仲之后,是为东虢,今河南荥阳汜水镇是也。郐,同"桧",妘姓,今河南新密市东有古桧城。当幽王时于子男,此二国为大。校订者按:子男,子爵和男爵,古代诸侯五等爵位的第四等和第五等。

[⑥] 此虢叔、虢仲之后。叔、仲皆当时二国君之字。势,阻国。险,阸。皆恃之而不修德。

是皆有骄侈怠慢之心，而加之以贪冒。君若以周难①之故，寄孥与贿焉，②不敢不许。周乱而弊，是骄而贪，必将背③君；君若以成周之众，奉辞伐罪，无不克矣。④若克二邑⑤，邬、弊、补、舟、依、䵣、历、华，君之土也。⑥若前华⑦后河，右洛左济，主芣、騩而食溱、洧，⑧修典刑以守之，是可以少固。"

公曰："南方⑨不可乎？"对曰："夫荆子熊严，

---

① 难，nàn。
② 妻、子曰孥。贿，财。
③ 背，bèi。
④ 桓公甚得周众，奉直辞，伐有罪，故必胜。
⑤ 二邑，虢、郐。
⑥ 言克郐、虢，此八邑皆可得。邬，河南偃师市西南有邬聚。《左传》隐十一年："王取邬刘芳邘之田于郑。"䵣，róu，《路史·国名纪》："殷侯伯国。"华，今河南新郑市东南有华城，古华伯国。余未详。
⑦ 华，即华国。
⑧ 芣，fú。騩，guī。芣、騩，二山名。騩，一作"隗"，即大騩山，今名具茨山，在河南新郑市西南。《山海经》："大騩之山，其阴多铁，多美垩。"溱、洧，二水名。溱水，在新郑市北，源出新密市，东北流至新郑市界，与洧水合。洧水，在新郑市南，源出登封市阳城山，经新密市而东，流入新郑市境，会溱水，为双泊河，又东经长葛，至西华县入颍。主芣騩，谓为之神主。《论语·季氏》："夫颛臾，昔者先王以为东蒙主。"宋朱熹注："东蒙，山名，先王封颛臾于此山之下，使主其祭。"食溱洧，谓居其土、食其水。
⑨ 南方，当成周之南，申、邓之间。

郑语第五

生子四人：伯霜、仲雪、叔熊、季紃。^①叔熊逃难于濮而蛮，季紃是立。薳氏将起之，祸又不克。^②是天启之心也，^③又甚聪明和协，盖其先王。^④臣闻之：天之所启，十世不替^⑤。夫其子孙必光^⑥启土，不可逼也。且重、黎之后也，^⑦夫黎为高辛氏火正，^⑧以淳耀敦大，天明地德，光照四海，故命之曰'祝融'，^⑨其功大矣。夫成天地之大功者，其子孙未尝

---

① 夫，fú，下同。紃，xún。荆，楚。熊严，楚子鬻熊之后十世。伯霜，楚子熊霜。季紃，楚子熊紃。仲雪不立，叔熊在濮。
② 薳，wěi。濮，蛮邑。薳氏，楚大夫。先熊霜之世叔熊逃难奔濮，而从蛮俗，熊霜死，国人立季紃，薳氏将起叔熊而立之，又有祸难而熊不立。
③ 启，开。天开季紃，故叔熊不得立。有"心"字误。
④ 言季紃又聪明，能和协其民臣之心，功德盖其先王。
⑤ 替，废。
⑥ 光，大。
⑦ 重、黎，官名。《楚语》曰：颛顼乃命南正重司天，北正黎司地。言楚之先为此二官。
⑧ 高辛氏，帝喾。黎，颛顼之后。颛顼生老童，老童生重、黎及吴回，吴回生陆终，陆终生六子，其季曰连，为芈姓，楚之先祖。季连之后曰鬻熊，事周文王，其曾孙熊绎，当成王时，封为楚子。黎当高辛氏为火正。
⑨ 淳，大。耀，明。敦，厚。言黎为火正，能理其职，以大明厚大，天明地德，故命之为"祝融"。祝，始。融，明。大明天明，若历象三辰。厚大地德，若敬授民时。光照四海，使上下有章。

不章①,虞、夏、商、周是也。②虞幕能听协风,以成乐物生者也。③夏禹能单平水土,以品处庶类者也。④商契能和合五教,以保于百姓者也。⑤周弃能播殖百谷蔬,以衣食民人者也。⑥其后皆为王公侯伯。⑦祝融亦能昭显天地之光明,以生柔嘉材者也。⑧其后八姓于周,未有侯伯。⑨佐制物于前代者:⑩昆吾为夏伯

---

① 章,显。
② 是成天地之功者。
③ 乐,lè,下同。虞幕,舜后虞思。协,和。言能听知和风,因时顺气,以成育万物,使之乐生。《周语》曰:"瞽告有协风至。"乃耕藉之类是也。
④ 单,尽。庶,众。品,高下之品。禹除水灾,使人物高下各得其所。《书·舜典》:"帝曰:俞,咨禹,汝平水土,惟时懋哉。"
⑤ 保,养。五教,父子有亲,君臣有义,夫妇有别,长幼有序,朋友有信。以五者自然之理,而为教令。《鲁语》曰:"契为司徒而民辑。"《书·舜典》:"帝曰:契,百姓不亲,五品不逊,汝作司徒,敬敷五教,在宽。"
⑥ 弃,后稷。播,布。殖,长。百谷,黍、稷、稻、粱、麻、麦、苽、菽、雕胡之属。蔬,草菜之属可食者。《书·舜典》:"帝曰:弃,黎民阻饥,汝后稷,播时百谷。"
⑦ 禹身王、稷、弃在子孙。公侯伯,谓其后杞宋,及幕后陈侯。
⑧ 柔,润。嘉,善。善材,五谷材木。
⑨ 八姓,祝融之后八姓:己、董、彭、秃、妘、曹、斟、芈。侯伯,诸侯之伯。
⑩ 佐,助。物,事。前代,夏、殷、周。

郑语第五

矣,[①]大彭、豕韦为商伯矣,[②]当周未有。[③]己姓昆吾、苏、顾、温、董,[④]董姓鬷夷、豢龙,则夏灭之矣。[⑤]彭姓彭祖、豕韦、诸、稽,则商灭之矣。[⑥]秃姓舟人,则周灭之矣。[⑦]妘姓邬、郐、路、偪阳,[⑧]曹姓邹、莒,[⑨]皆为采卫。[⑩]或在王室,或在

---

① 昆吾,祝融之孙,陆终第一子,名樊,为己姓,封于昆吾,始都于许,今河南许昌市是也。其后夏衰,昆吾为夏伯,迁于卫。
② 大彭,陆终第三子,曰籛,为彭姓,封于大彭,谓之彭祖,彭城是也,今江苏徐州铜山。豕韦,彭姓之别,封于豕韦者也。今河南滑县东南有废韦城。殷衰,二国相继为商伯。
③ 未有侯伯。
④ 五国皆昆吾之后别封者。故温城,在今河南温县。故顾城,在河南范县。
⑤ 鬷,zōng。豢,huàn。董姓,己姓之别受氏为国者也。有飂叔安之裔子曰董父,实甚好龙,能求其耆欲,以饮食之,龙多归之,乃扰畜龙(扰,顺也,顺龙之所欲而畜养之),以服事帝舜,帝赐之姓曰董,氏曰豢龙,封诸鬷川。当夏之兴,别封鬷夷,于孔甲前而灭矣。
⑥ 彭祖,大彭。豕韦、诸、稽,其后别封。大彭、豕韦为商伯,其后世失道,殷复兴而灭之。
⑦ 秃姓,彭祖之别。舟人,国名。或曰:舟人,西方之戎。《吕氏春秋》:"舟人、送龙、突人之乡,多无君。"
⑧ 陆终第四子曰求言,为妘姓,封于郐。邬、路、偪阳,其后别封。今山东枣庄南有偪阳城。
⑨ 陆终第五子曰安,为曹姓,封于邹。
⑩ 皆,指妘、曹二姓。采,采服,去王城二千五百里。卫,卫服,去王城三千里。

夷狄,^①莫之数也;而又无令闻,必不兴矣。斟姓无后。^②融之兴者,其在芈姓乎?芈姓夔越,不足命也,^③蛮芈蛮矣,^④唯荆实有昭^⑤德,若周衰,其必兴^⑥矣。姜、嬴、荆芈,实与诸姬代相干也。^⑦姜,伯夷^⑧之后也;嬴,伯翳^⑨之后也。伯夷能礼于神,^⑩以佐尧者也,伯翳能议百物,^⑪以佐舜者也。其后皆不

---

① 或,六姓之后。在王室,苏子、温子。在夷狄,莒、偪阳。
② 陆终第二子曰惠连,斟姓,是为参胡,参胡无后。
③ 芈,mǐ。夔越,芈姓之别国。楚熊绎六世孙曰熊挚,有恶疾,楚人废之,立其弟熊延,挚自弃于夔,其子孙有功,王命为夔子。今湖北秭归县东有夔子城。
④ 蛮芈,谓叔熊在濮从蛮俗。
⑤ 昭,明。
⑥ 兴,谓为侯伯。
⑦ 姜,齐姓。嬴,秦姓。芈,楚姓。代,更。干,犯。言代强更相犯间。
⑧ 伯夷,尧秩宗,炎帝之后,四岳之族。
⑨ 伯翳,舜虞官,少皞之后伯益。
⑩ 《书·舜典》:"帝曰:'咨四岳,有能典朕三礼。'佥曰:'伯夷。'帝曰:'俞,咨伯,汝作秩宗。'"三礼,祀天神、享人鬼、祭地祇之礼。秩,叙。宗,祖庙。秩宗,主叙次百神之官。而专以秩宗名之者,盖以宗庙为主。
⑪ 百物,草木鸟兽。议,使各得其宜。《书·舜典》:"帝曰:'畴若予上下草木鸟兽。'佥曰:'益哉。'帝曰:'俞,咨益,汝作朕虞。'"

失祀,而未有兴①者。周衰其将至矣!②"公曰:"谢西之九州,何如?③"对曰:"其民沓贪而忍,不可因也。④唯谢、郑之间,⑤其冢⑥君侈骄,其民怠沓其君,而未及周德,⑦若更君而周训之,是易取也,⑧且可长用⑨也。"

公曰:"周其弊⑩乎?"对曰:"殆⑪于必弊者也。《泰誓》曰:'民之所欲,天必从之。'⑫今王弃高明昭显,而好谗慝暗昧;⑬恶角犀丰盈,而近顽童

---

① 兴,谓为侯伯。
② 至于伯。
③ 谢,宣王之舅申伯之国,今河南南阳市。谢西有九州,二千五百家曰州。何如,问可居否。
④ 沓,黩。忍,行不义。因,就。
⑤ 间,谓郑南谢北,虢、郐在焉。郑,今河南郑县,周畿内邑,后属郑,郑衰,楚取之。
⑥ 冢,大。
⑦ 怠,慢。忠信为周。言民慢黩其君,而未及于忠信。
⑧ 更,更以君道导之,则易取。
⑨ 长用,久处之。
⑩ 弊,败。
⑪ 殆,近。
⑫ 《周书·泰誓》上。言民恶幽王,犹恶纣,欲令之亡,天必从之。
⑬ 好,hào,下同。王,幽王。高明昭显,谓明德之臣。暗昧,幽冥不见光明之德。

穷固;① 去和而取同。② 夫和实生物,同则不继。③ 以他平他谓之和,④ 故能丰长而物归之。⑤ 若以同裨同,尽乃弃矣。⑥ 故先王以土与金木水火杂,以成百物。⑦ 是以和五味以调口,刚四支以卫体,⑧ 和六律以聪耳,⑨ 正七体以役心,⑩ 平八索以成人,⑪ 建九纪以立纯德,⑫

① 恶,wù,下同。角犀,谓颜角有伏犀。丰盈,谓颊辅丰满。皆贤明之相。顽童,童昏。固,陋。谓皆昧暗穷陋,不识德义。
② 和,谓可否相济。同,谓同欲。《论语·子路》:"君子和而不同,小人同而不和。"宋朱熹注:"和者无乖戾之心,同者有阿比之意。"
③ 阴阳和而万物生。同,同气。按:同则不继,谓同气则不能长育,故先王聘后于异姓。
④ 谓阴阳相生,异味相和。
⑤ 长,zhǎng。土气和而物生之,国家和而民附之。
⑥ 裨,益。同者,谓若以水益水,水尽乃弃之,无所成。
⑦ 杂,合。成百物,谓若铸冶煎烹之属。
⑧ 刚,强。强其四肢,卫其体。
⑨ 听和则耳聪。《孟子·离娄》:"师旷之聪,不以六律,不能正五音。"宋朱熹注:"六律,截竹为筒,阴阳各六,以节五音之上下:黄钟、太簇、姑洗、蕤宾、夷则、无射,为阳;大吕、夹钟、仲吕、林钟、南吕、应钟,为阴也。"
⑩ 役,营。七体,七窍。谓目为心视,耳为心听,口为心谈,鼻为心芳。
⑪ 平,正。八索,八体以应八卦;谓乾为首,坤为腹,震为足,巽为股,离为目,兑为口,坎为耳,艮为手。
⑫ 建,立。纯,纯一不驳。九纪,九藏。按:九藏,心、肝、脾、肺、肾五者曰正藏,又有胃、膀胱、肠、胆也。《周礼》曰:"九藏之动。"

郑语第五

合十数以训百体。^①出千品,具万方,^②计亿事,材兆物,收经入,行姟极。^③故王者居九畡之田,收经入,以食兆民,^④周训而能用之,和乐如一。^⑤夫如是,和之至也。^⑥于是乎,先王聘后于异姓,^⑦求财于有方,^⑧择臣取谏工^⑨,而讲以多物,^⑩务和同也。声一无听,^⑪物一无文,^⑫味一无果,^⑬物一不讲^⑭。王将弃是类也,而

---

① 此所谓近取诸身,远取诸物。十数,自王以下,位有十等(十等,详前《元年春》篇)。百体,百官各有体属。合此十数之位,以训导百官之体。
② 百官,官有彻品,十于王位,谓之千品。五物之官,陪属万位,谓之万方。方,道。
③ 计,算。材,裁。经,一作京。姟,gāi。万万曰亿,万亿曰兆,万兆曰经,万经曰姟,数极于姟。自十等至千品、万方转相生,故有亿事、兆物,王收其常入,举九姟之数。
④ 畡,gāi。九畡,九州之极数。《楚语》曰:"天子之田九畡,以食兆民,王取经入焉,以食万官。"
⑤ 忠信为周。训,教。言以忠信教导之,其民和乐如一室。
⑥ 夫,fú,下同。至,极。
⑦ 同则不继。
⑧ 使各以其方贿来,方之所无则不贡。
⑨ 工,官。
⑩ 讲,犹校。多,众。物,事。校以众事。
⑪ 五声杂,然后可听。
⑫ 五色杂,然后成文。
⑬ 五味合,然后可食。果,美。或曰:果,饱貌。
⑭ 讲,论校。

与剸同。①天夺之明，欲无弊，得乎？夫虢石父，谗谄巧从之人也，②而立以为卿士，与剸同也。弃聘后而立内妾，③好穷固也。侏儒戚施，实御在侧，④近顽童也。周法不昭，而妇言是行，用谗慝也。不建立卿士，而妖试幸措，行暗昧也。⑤是物也，不可以久。且宣王⑥之时，有童谣曰：'檿弧箕服，⑦实亡周国。'于是宣王闻之，有夫妇鬻⑧是器者，王使执而戮之。⑨府⑩之小妾生女而非王子也，惧而弃之，此人也收以奔褒。⑪天之命此久矣，其又何可为⑫乎？《训

---

① 类，谓和。剸，同"专"。
② 石父，虢君之名。巧从，巧于媚从。
③ 聘后，申后。内妾，褒姒。
④ 侏儒、戚施，皆优笑之人。御，侍。
⑤ 试，用。措，置。不建立有德以为卿士，而妖嬖之臣，用之于位，徼倖之人，置之于侧。
⑥ 宣王，幽王之父。
⑦ 檿，yǎn，山桑曰檿。又《说文》：檿，山桑有点文者。弧，弓。箕，木名。服，矢房。按：箕，又作"其"，《汉书·五行志》："檿弧其服。"师古注："服，盛箭者，……其草似荻而细，织之为服也。"
⑧ 鬻，yù，卖。
⑨ 戮之于路。
⑩ 府，王内之府藏。
⑪ 此人，卖弧服者。收，取。取之而奔于褒。
⑫ 为，治。

郑语第五

语》①有之曰:'夏之衰也,褒人②之神化为二龙,以同③于王庭而言曰:"余,褒之二君也。"④夏后卜杀之与去之与止⑤之,莫吉⑥。卜请其漦⑦而藏之,吉。乃布币焉,而策告之。⑧龙亡而漦在,椟而藏之,⑨传郊之。⑩'及殷周,莫之发也。及厉王之末⑪,发而观之,漦流于庭,⑫不可除也。王使妇人不帏而譟之,⑬化为玄鼋⑭,以入于王府。府之童妾未既龀而遭之,⑮既笄

---

① 《训语》,周书。
② 褒人,褒君姁。《索隐》曰:褒,夏同姓,姒氏。
③ 共处曰同。
④ 二先君。
⑤ 止,留。
⑥ 莫吉,无吉。
⑦ 漦,chí,龙所吐沫,龙之精气。
⑧ 布,陈。币,玉帛。陈其玉帛,以简策之书告龙而请其漦。
⑨ 椟,dú,柜。按:《史记》作"椟而去之"。古皆谓藏为去。
⑩ 传祭于郊。
⑪ 末,末年,流彘之岁。
⑫ 言流于庭前,谓取而发也。
⑬ 裳正幅曰帏。譟,欢呼。不帏而譟,欲厌胜之也。按:《史记》作"厉王使妇人,裸而譟之"。
⑭ 鼋,或作"蚖"。蚖,蜥蜴,象龙。
⑮ 龀,chèn。既,尽。遭,遇。毁齿曰龀。未尽,龀毁未毕。女七岁而毁齿。

而孕,^①当宣王时而生。^②不夫而育,^③故惧而弃之。为弧服者方戮在路,夫妇哀其夜号也,而取之以逸,逃于褒。^④褒人褒姁有狱,而以为入于王,^⑤王遂置^⑥之,而嬖是女也,使至于为后,而生伯服。^⑦天之生此久矣,其为毒也大矣,将使候淫德而加^⑧之焉。毒之酋腊者,其杀也滋速。^⑨申、缯、西戎方强,^⑩

---

① 孕,妊娠。女十五而笄,《礼记·内则》:"十有五年而笄。"
② 厉王在彘,共和十四年乃崩。宣王在位四十六年,幽王在位十一年,而两周亡;自厉王末年流彘之岁,至宣王时,盖孕四十余年矣。
③ 育,生。按:《史记》作"无夫而生子"。
④ 号,háo。逃,亡。《史记》:"有夫妇卖是器者,宣王使执而戮之,逃于道,而见乡者后宫童妾所弃妖子出于路者,闻其夜啼,哀而收之,夫妇遂亡,奔于褒。"
⑤ 姁,xū。褒姁,褒君。《史记》:"褒人有罪,请入童妾所弃女子者于王,以赎罪。弃女子出于褒,是为褒姒。"
⑥ 置,赦褒姁。
⑦ 以邪辟取爱曰嬖。使至,有渐之言也。《史记》:"当幽王三年,王之后宫,见而爱之,生子伯服,竟废申后及太子,以褒姒为后,伯服为太子。"
⑧ 加,遗以褒女。
⑨ 久熟曰酋。腊,xī,干肉。《易》曰:"噬腊肉,遇毒。"盖肉之久熟者有毒。滋,益。
⑩ 申,姜姓,幽王前后太子宜曰之舅,国于谢,今河南南阳市有申城。缯,一作鄫,姒姓,申之与国,今山东枣庄有鄫城。西戎亦党于申,周衰故戎狄强。

郑语第五

王室方骚①,将以纵欲,不亦难乎?王欲杀太子以成伯服,必求之申;②申人弗畀③,必伐之;若伐申,而缯与西戎会以伐周,周不守矣。④缯与西戎,方将德申,⑤申、吕⑥方强,其隩爱⑦太子亦必可知也,王师若在,⑧其救之亦必然矣。王心怒矣,虢公从矣,⑨凡周存亡,不三稔⑩矣!君若欲避其难⑪,其速规所矣,时至而求用⑫,恐无及也!"

公曰:"若周衰,诸姬其孰兴?"对曰:"臣闻之:武实昭文之功,⑬文之祚尽,武其嗣乎?⑭武王之

---

① 骚,扰。
② 必求之申,太子将奔申。
③ 畀,与。
④ 言幽王无道,无以共守。
⑤ 申修德于二国,二国亦欲助正,徼其后福。
⑥ 吕,申之同姓,今河南南阳市西有吕城。
⑦ 隩,ào,隐。又,隩爱,与"奥偯"通,庇荫。
⑧ 在于申。
⑨ 言石父亦从王而怒。
⑩ 稔,rěn,年,谷一熟为一年。《左传》襄二十七年:"不及五稔。"
⑪ 难,nàn。
⑫ 用,备。
⑬ 武,武王。文,文王。
⑭ 文王子孙,鲁、卫是也。祚尽,谓衰。嗣,继。武王子孙,当继之而兴。

子,应、韩不在,①其在晋乎？距险而邻于小,②若加之以德,可以大启。③"公曰:"姜、嬴其孰兴？"对曰:"夫国大而有德者近兴,秦仲、齐侯,姜、嬴之隽也,且大,其将兴乎？④"公说⑤,乃东寄帑与贿,虢、郐受之,十邑皆有寄地。⑥

---

① 应、韩不在,犹言不在应、韩,当在晋。应已见前。韩有二,一为姬姓之韩。《左传》襄二十九年叔侯曰:"霍、杨、韩、魏,皆姬姓也。"韩,后为晋所灭,以赐大夫韩万,今陕西韩城市南有古韩城。又一为武穆之韩。《左传》僖二十四年富辰曰:"邘、晋、应、韩,武之穆也。"其国在《禹贡》冀州之北。《诗·大雅·韩奕》:"溥彼韩城,燕师所完。"今河北固安县东南有方城旧城,为古韩国地,后入于燕,燕至春秋末始大,幽王时,韩未亡。
② 距,距守之地险。小,小国,谓虞、虢、霍、杨、韩、魏、芮之属。
③ 国已险固,若增之以德,可以大开土宇。后鲁闵元年,晋灭魏、霍,僖五年,灭虞、虢。
④ 秦仲,嬴姓,附庸秦公伯之子,为宣王大夫。《诗序》云:"秦仲始大。"齐侯,齐庄公,姜姓之有德者。此二人为姜、嬴之隽,且国大,故近兴。
⑤ 说,通"悦"。
⑥ 十邑,谓虢、郐、邬、蔽、补、舟、依、黩、历、华。后桓公之子武公,竟取十邑之地而居之,今河南新郑是也。贾逵云:寄地,寄止也。

楚语第六

屈到嗜芰

屈到嗜芰,①有疾,召其宗老而属之,②曰:"祭我必以芰。"及祥③,宗老将荐芰。屈建④命去之,老曰:"夫子⑤属之。"子木曰:"不然。夫子承⑥楚国

---

① 屈到,楚卿,屈荡之子子夕。芰,jì,菱。《酉阳杂俎》:"今人但言菱芰,诸解草木书亦不分别,唯王安贫《武陵记》言:'四角三角曰芰,两角曰菱。'"
② 家臣曰老。宗老,谓宗人。属,zhǔ,下同;托,付。《左传》隐三年:"宋穆公疾,召大司马孔父,而属殇公焉。"
③ 祥,祭名。《礼·间传》:"父母之丧……期而小祥,……又期而大祥。"疏:"大祥二十五月。"
④ 建,屈到之子子木。
⑤ 夫子,屈到。
⑥ 承,奉。

之政，其法刑在民心，而藏在王府。上之可以比先王，下之可以训后世；虽微楚国，诸侯莫不誉。①其《祭典》有之曰：'国君有牛享，②大夫有羊馈③，士有豚犬之奠，④庶人有鱼炙之荐，⑤笾豆脯醢，⑥则上下共之。'不羞珍异，不陈庶侈。⑦夫子不以其私欲干国之典。⑧"遂不用。

左史倚相廷见申公子亹

左史倚相廷见申公子亹，⑨子亹不出；左史谤之，

---

① 微，无。虽使无楚国之称，诸侯犹皆誉之以为善。
② 诸侯以太牢。
③ 羊馈，少牢。
④ 士以特牲。
⑤ 庶人祀以鱼。
⑥ 脯，fǔ。醢，hǎi。笾，《尔雅·释器》："竹豆谓之笾。"疏："笾，以竹为之，口有籐缘，形制如豆。……盛枣、栗、桃、梅、菱、芡、脯、脩、膴、鲍、鱁、饵之属……祭祀燕享所用。"豆，以木为之，刻镂而髹以漆，或饰以玉，盛齑、醢、菹、酱、濡物者也。脯，干肉。醢，肉酱。
⑦ 羞，进。庶，众。侈，犹多。
⑧ 干，犯。菱芡栗脯，分实八笾，天子之祭祀。大夫而荐芰，是僭用天子之礼，故曰"干国之典"。
⑨ 相，xiàng。亹，wěi。倚相，楚左史。子亹，楚申公史老。廷见，见于廷。或曰："廷，当作'廷'，廷，古'往'字。"

举伯①以告,子亹怒而出,曰:"女无亦谓我老耄而舍我,②而又谤我。"左史倚相曰:"唯子老耄,故欲见以交儆子。若子方壮,能经营百事,倚相将奔走承序③,于是不给④,而何暇得见?昔卫武公⑤年数九十有五矣,犹箴儆⑥于国曰:'自卿以下至于师长士⑦,苟在朝者,无谓我老耄而舍⑧我。必恭恪于朝⑨,朝夕以交戒我。闻一二之言,必诵志而纳之,⑩以训导我。'在舆有旅贲之规,⑪位宁有官师之典,⑫倚几有诵训之谏,⑬

---

① 举伯,楚大夫。
② 女,同"汝"。舍,shě,下同。《礼·曲礼》:"八十九十曰耄。"注:"耄,惛忘也。"舍,弃。
③ 承序,承受事业次序。
④ 给,供。
⑤ 武公,卫僖公之子,共伯之弟武公和。
⑥ 箴,刺。儆,戒。
⑦ 长,zhǎng。师长,大夫。士,众士。
⑧ 舍,谓不谏诫。
⑨ 朝,cháo。
⑩ 言,谤誉之言。志,记。
⑪ 贲,bēn。规,规谏。旅贲,勇力之士,掌执戈盾,夹车而趋,车止则持轮。
⑫ 中庭之左右谓之位。门屏之间谓之宁。师,长。典,常。按:《礼·曲礼》:"天子当宁而立。"注:"门内屏外,人君视朝所宁立处。"
⑬ 诵训,工师所诵之谏,书之于几。

居寝有暬御①之箴，临事有瞽史②之导，宴居有师工之诵。③史不失书，矇不失诵，以训御④之，于是乎作《懿》，戒以自儆也。⑤及其没也，谓之睿圣武公。⑥子实不睿圣，于倚相何害⑦！《周书》曰：'文王至于日中昃，不皇暇食，⑧惠于小民，唯政之恭。'文王犹不敢骄，今子老楚国，⑨而欲自安也。以御数戒者，王将何为？⑩若常如此，楚其难哉！"子亹惧曰："老⑪之过也！"乃骤见左史。

---

① 暬，同"亵"。《诗·小雅·雨无正》："曾我暬御。"《传》："暬御，侍御也。"
② 瞽，乐太师，掌诏吉凶。史，太史，掌诏礼事。
③ 师，乐师。工，瞽矇。诵，谓箴谏时世。
④ 御，进。
⑤ 《懿》，《诗·大雅·抑》之篇。《懿》，读之曰"抑"。《毛诗序》云："《抑》，卫武公刺厉王，亦以自儆也。"《诗》疏：卫武公以宣王十六年即位，则厉王世，武公为诸侯庶子，未为国君，未有职事，善恶无豫于物，不应作诗刺王；必后世所作追刺之耳。或曰：《懿》，戒书也。
⑥ 睿，明。《书·洪范》曰："睿作圣。"《谥法》曰："威强睿德曰武。"
⑦ 害，伤。
⑧ 皇，通"遑"。昃，日昳。《易·丰》："日中则昃。"《书·无逸》："（文王）自朝至于日中昃，不遑暇食，用咸和万民。"注："自朝至于日之中；自中至于日之昃，一食之顷，有不遑暇，欲咸和万民，使无一不得其所也。"
⑨ 恃楚国以终老。
⑩ 御，止。数者，谓箴戒诽谤。为人臣而尚如此，王将复何为。
⑪ 老，子亹名。

楚语第六

司马子期欲以妾为内子

司马子期欲以妾为内子,①访之左史倚相②。曰:"吾有妾而愿,欲笄之,③其可乎?"对曰:"昔先大夫子囊,违王之命谥。④子夕嗜芰,子木有羊馈而无芰荐。⑤君子曰:'违而道。⑥'榖阳竖爱子反之劳也,而献饮焉,以毙于鄢。⑦芊尹申亥从灵王之欲,以陨

① 子期,楚平王之子,子西之弟公子结,为大司马。卿之嫡妻曰内子。
② 相,xiàng。倚相,见上篇。
③ 愿,谨,悫。《书·皋陶谟》:"愿而恭。"笄,内子首饰衡笄。
④ 违厉以为恭。
⑤ 子木违父命,以羊馈易芰荐。见前《屈到嗜芰》篇。
⑥ 虽违命,而合于道。
⑦ 榖阳竖,子反之内竖。毙,踣。《左传》成十六年:晋、楚战于鄢,楚恭王伤目。明日将复战,王召子反,榖阳竖献饮于子反,醉不能见。王曰:"天败楚也。"乃宵遁。子反自杀。按:孔氏疏曰:"《吕氏春秋》云:'荆共王与晋厉公战于鄢陵,荆师败,共王伤。临战,司马子反渴而求饮,竖阳榖操酒而进之。子反曰:"却酒也。"竖阳榖曰:"非酒也。"子反曰:"却酒也。"竖阳榖又曰:"非酒也。"子反受而饮之。子反之为人也,嗜酒甘而不能绝于口,醉。战既罢,共王欲复战,而谋使召司马子反,子反辞以心疾,共王驾往视之,入幄中,闻酒臭而还。曰:"今日之战,不榖亲伤,所恃者司马也;而司马又若此,不榖无与复战矣。"于是遂罢师去之。斩司马子反以为戮。'与此不同者,《传》依简牍本纪,彼采传闻异辞,所说既殊,其文亦异。"

于乾溪。①君子曰：'从而逆。②'君子之行，欲其道也；③故进退周旋，唯道是从。夫子不能违若敖④之欲，以之道而去芰荐；吾子经⑤营楚国，而欲荐芰以干之，⑥其可乎？"子期乃止。

鬬且廷见令尹子常

鬬且廷见令尹子常，⑦子常与之语，问蓄货聚马。归，以语⑧其弟曰："楚其亡乎！不然，令尹其不免乎！吾见令尹，令尹问蓄聚积实⑨，如饿豺狼焉。殆必亡者也！夫⑩古者：聚货不妨民衣食之利，

---

① 芋尹申亥，申无宇之子。《左传》昭十三年：乾溪之役，申亥曰："吾父再干王命，王不诛，惠孰大焉。"乃求王，遇诸棘围，以归。王缢于芋尹申亥氏，申亥以其二女殉而葬之。
② 从其欲而逆于道。
③ 欲得其道。
④ 若敖，子夕。
⑤ 经，经纬。
⑥ 干，犯。言以妾为妻，犹以芰当祭。
⑦ 且，jū。或曰：廷当作廷。鬬且，楚大夫。子常，子囊之孙囊瓦。
⑧ 语，yù。
⑨ 实，财。
⑩ 夫，fú，下同。

楚语第六

聚马不害民之财用,①国马足以行军,②公马足以称赋,③不是过也。公货足以宾献④,家货足以共用,⑤不是过也。夫货马邮则阙于民,⑥民多阙,则有离叛之心,将何以封⑦矣。昔鬭子文三舍令尹,⑧无一日之积⑨,恤民之故也。成王⑩闻子文之朝不及夕也,于是乎每朝设脯一束,糗一筐,以羞子文,⑪至于今

---

① 货,珠玉之属,自然物。货马多,则养求者众,妨财力。
② 国马,民马。十六井为丘,有戎马一匹,牛三头,足以行军。
③ 公马,公之戎马。称,举。赋,兵赋。
④ 宾,飨赠。献,贡。
⑤ 家,大夫。共,同"供"。
⑥ 邮,过。阙,缺。
⑦ 封,厚。
⑧ 子文,姓鬭,名縠於菟(縠,gòu;於,wū;菟,tú),鬭伯比之子。《左传》宣四年:"初,若敖娶于䢵,生鬭伯比。若敖卒,从其母畜于䢵,淫于䢵子之女,生子文焉。䢵夫人使弃诸梦中(梦,泽名,在今湖北安陆市南,有二泽,曰云,曰梦,云在江北,梦在江南,方八九百里,华容以北,安陆以南,枝江以东,皆其地。后悉为邑居聚落,因并称之曰云梦),虎乳之。䢵子田,见之,惧而归以告,遂使收之。楚人谓乳縠,谓虎於菟,故命之曰:鬭縠於菟。以其女妻伯比,实为令尹子文。"《论语·公冶长》:"令尹子文,三仕为令尹,无喜色;三已之,无愠色。旧令尹之政,必以告新令尹。"
⑨ 积,储。
⑩ 成王,名頵,楚文王子。
⑪ 糗,寒粥。筐,盛物竹器。羞,进。

令尹秩①之。成王每出子文之禄,必逃,王止而后复。②人谓子文曰:'人生求富,而子逃之,何也?'对曰:'夫从政者以庇③民也,民多旷④也,而我取富焉,是勤民以自封。⑤死无日矣!我逃死,非逃富也。'故庄王之世灭若敖氏,唯子文之后在,至于今处郧为楚良臣。⑥是不先恤民而后己之富乎?今子常,先大夫⑦之后也,而相⑧楚君,无令名于四方。民之羸馁,日已甚矣。⑨四境盈垒,⑩道殣相望,⑪盗贼

---

① 秩,常。
② 禄,俸。复,反。
③ 庇,覆。
④ 旷,犹空。
⑤ 勤,劳。封,厚。
⑥ 庄王,成王孙。若敖氏,子文之族。《左传》宣四年:子文之弟子鬬椒为乱,庄王灭若敖氏之族。子文之孙箴尹克黄使齐而还,自拘于司败。王思子文之治楚也,曰:"子文无后,何以劝善,使复其所。"其子孙当昭王时为郧公。郧,yún,楚邑,郧国,楚灭之为邑。今湖北钟祥市是也。
⑦ 先大夫,子囊。
⑧ 相,xiàng。
⑨ 羸,瘠。馁,饿。言日日又甚。
⑩ 盈,满。垒,壁。言垒壁满于四境之内。
⑪ 道塚曰殣。《诗·小雅·小弁》:"行有死人,尚或墐之。"今文作"墐"。《传》云:"路冢也。"一曰:埋也。《左传》昭三年:"道殣相望。"注:"饿死为殣。"

司目,民无所放。①是之不恤,而蓄聚不厌,其速②怨于民多矣。积货滋多,蓄怨滋厚,不亡何待!夫民心之愠③也,若防大川焉,溃而所犯④必大矣。子常其能贤于成、灵乎?成不礼于穆,愿食熊蹯,不获而死。⑤灵不顾于民,一国弃之如遗迹焉。⑥子常为政,而无礼不顾,甚于成、灵;其独何力以待⑦之!"期年,乃有柏举之战,子常奔郑,昭王奔随。⑧

---

① 司,通"伺";谓盗贼侧目相窥伺。放,依。
② 速,召。
③ 愠,怒。
④ 犯,败。
⑤ 蹯,fán,掌。成,成王,穆王之父。穆,穆王商臣。成王欲黜商臣而立其弟职,商臣围成王,王请食熊蹯而死,不听,遂自杀。见《左传》文元年。
⑥ 灵王不君,罢弊楚国,三军叛之,如行人之遗弃其迹。
⑦ 待,御。
⑧ 柏举,楚地。随,已见前《桓公为司徒》篇。初,蔡昭侯朝于楚,子常欲其佩;唐成公亦朝焉,子常欲其肃爽马。二君不与,而留之三年。予之,乃得归。归,与吴伐楚,大败之柏举。在鲁定四年。奔随,自郧之随。按:今湖北麻城市东北有柏子山,市东有举水。或曰:柏举之名,盖合山水而名焉。肃爽,骏马名。校订者按:"肃爽"又作"骕骦"。

吴语第七

吴王夫差既许越成

吴王夫差既许越成,①乃大戒师徒,将以伐齐。申胥②进谏曰:"昔天以越赐吴,而王弗受!夫天命有反;③今越王勾践④,恐惧而改其谋,舍其愆令,⑤轻其征赋,施民所善,去民所恶⑥,身自约也,裕⑦其

---

① 夫差,fūchāi,太伯之后,阖庐之子,姬姓。越,芈姓,祝融之后。
② 申胥,楚大夫,伍奢之子子胥,名员。鲁昭二十年,奢诛于楚,员奔吴,吴与之申地,故曰"申胥"。
③ 夫,fú,下同。反,谓盛者更衰,祸者有福。
④ 勾践,允常之子。
⑤ 舍,shě,废。愆,过。
⑥ 恶,wù。
⑦ 裕,饶。

众庶，其民殷①众，以多甲兵。越之在吴，犹人之有腹心之疾也。夫越王之不忘败吴，于其心也戚②然，服士以伺吾间。③今王非越是图，而齐、鲁以为忧。夫齐、鲁譬诸疾，疥癣也，④岂能涉江淮而与我争此地哉？将必越实有吴土。⑤王盍亦鉴于人，无鉴于水。⑥昔楚灵王不君，⑦其臣箴谏以不入⑧，乃筑台于章华⑨之上，阙为石郭，陂汉，以象帝舜。⑩罢弊楚国以间陈、蔡。⑪不修方城⑫之内，踰诸夏而图东

① 殷，盛。
② 戚，犹惕。
③ 间，jiàn，隙，下同。窥伺吾之间隙。
④ 疥癣在外，为疾微。
⑤ 壤地接，而越修德。
⑥ 鉴，镜。以人为镜，见成败，以水为镜，见形而已。《书·酒诰》："古人有言曰：人无于水监，当于民监。"注："古人谓人无于水监，水能见人之妍丑而已，当于民监，则其得失可知。"
⑦ 不得君道。
⑧ 入，受。
⑨ 章华，地名，在今湖北监利县西北。
⑩ 阙，通"掘"，穿。陂，壅。舜葬九疑，其山体水旋其邱下，故壅汉水使旋石郭，以象之。
⑪ 罢，同"疲"，下同。间，候。候其隙而取之。鲁昭八年，楚灭陈；十一年，灭蔡。
⑫ 方城，楚北山。在今河南方城县东北。

国。①三岁于沮、汾以服吴、越。②其民不忍饥劳之殃，三军叛王于乾溪。③王亲独行，屏营④仿偟于山林之中，三日乃见其涓人畴⑤。王呼之曰：'余不食三日矣！'畴趋而进，王枕其股以寝于地。王寐，畴枕王以璞⑥而去之。王觉而无见也，乃匍匐将入于棘闱，⑦棘闱不纳，乃入芋尹申亥氏焉。⑧王缢。申亥负王以归，而土埋之其室。⑨此志也，岂遽忘于诸侯之耳乎？⑩今王既变鲧、禹之功，⑪而高高下下，以

---

① 诸夏，陈、蔡。东国，徐、夷、吴、越。
② 沮、汾，水名，楚东鄙沮、汾间乾溪。沮，亦作"雎"，源出湖北房县西南景山，南流经荆门市，与漳水合。《左传》定四年：吴人败楚及郢，楚子出涉雎。今襄阳市以南，沮水左右，皆曰沮中。汾，今河南襄城县东北有汾邱城。《左传》昭八年：楚令尹子荡，帅师伐吴师于豫章，次于乾溪。
③ 殃，害。民罢国乱，中外叛溃。乾溪，楚东地，在今安徽亳州市东南。
④ 屏营，遑遽之貌。
⑤ 涓人，即中涓，守卫之官。畴，其名。
⑥ 璞，pú，土块。
⑦ 觉，jiào。匍匐，手行尽力。棘，楚邑，今河南永城市南有棘亭。闱，门。
⑧ 申亥，已详前《司马子期以妾为内子》篇。
⑨ 《左传》昭十三年：王缢，"申亥以其二女殉而葬之"。
⑩ 志，记。言此事皆见记于诸侯之耳而未忘。
⑪ 王，夫差。变，易。《鲁语》曰："禹能以德修鲧之功。"

罢民于姑苏。①天夺吾食,都鄙荐饥。②今王将很③天而伐齐。夫吴民离矣,④体有所倾,譬如群兽然,一个负矢,将百群皆奔,⑤王其无方收也。⑥越人必来袭我,王虽悔之,其犹有及乎!"王弗听。十二年,⑦遂伐齐。齐人与战于艾陵⑧,齐师败绩,吴人有功。⑨

吴王还自伐齐

吴王还自伐齐,乃讯⑩申胥曰:"昔吾先王体德明圣,达于上帝,⑪譬如农夫作耦,⑫以刈杀四方

---

① 高高,起台榭。下下,深污池。姑苏,台名,在今江苏苏州姑苏山(又称胥台山)上。《越绝书》:阖庐起姑苏台,三年聚材,五年乃成,高见三百里。按:阖庐或夫差之误也。
② 都,国都。鄙,边邑。荐饥,重饥。
③ 很,违。
④ 有离叛。
⑤ 倾,伤。言众兽群聚,其中一个被矢,则百群皆走。以言吴民临阵就战,小有倾伤,亦复然。
⑥ 方,道。收,还。
⑦ 夫差十二年,鲁哀十一年。
⑧ 艾陵,齐地,今山东莱芜市东北有艾陵亭。
⑨ 《左传》哀十一年:获齐国书,革车八百乘,甲首三千。
⑩ 讯,告让。惠云:"讯,《说文》引作'谇',让也。"
⑪ 先王,谓阖庐。上帝,天。
⑫ 二耜为耦。言子胥佐先王,犹耦者之有耦,以成其事。

之蓬蒿，以立名于荆，^①此则大夫之力也。今大夫老而又不自安恬逸^②，而处以念恶；^③出则罪吾众^④，挠乱百度，^⑤以妖孽吴国。^⑥今天降衷^⑦于吴，齐师受服。孤岂敢自多；先王之钟鼓，实式灵^⑧之，敢告于大夫。"

申胥释剑而对曰："昔吾先王世有辅弼之臣，^⑨以能遂疑计恶，^⑩以不陷于大难^⑪。今王播弃黎老，^⑫而近孩童焉比谋，^⑬曰：'余令而不违^⑭。'夫不违，乃违也；^⑮夫不违，亡之阶也。夫天之所弃，必骤

---

① 谓败楚于柏举，昭王奔随时。
② 恬，犹静。逸，乐。
③ 处，chǔ，居。居则念为恶于吴国。
④ 罪吾众，谓"吴民离矣，体有所倾"之属。
⑤ 挠，扰。度，法度。
⑥ 妄为妖言"越当袭吴"。
⑦ 衷，善。
⑧ 式，用。灵，神。
⑨ 言阖庐以前。
⑩ 遂，决。计，虑。
⑪ 难，nàn。
⑫ 播，放。鲐背之耆称黎老。
⑬ 孩，幼。比，合。
⑭ 不违，言莫违。
⑮ 夫，fú，下同。乃违道。

吴语第七

近其小喜①,而远其大忧。②王若不得志于齐而以觉寤王心,而吴国犹世③。吾先君得之也,必有以取之;④其亡之也,亦有以弃之。⑤用能援持盈以没,⑥而骤救倾以时。⑦今王无以取之,⑧而天禄亟⑨至,是吴命之短也。员不忍称疾辟易,⑩以见王之亲为越之擒也。员请先死!"遂自杀。将死曰:"以悬吾目于东门,以见越之入,吴国之亡!"⑪王愠曰:"孤不使大夫得有见也!"乃使取申胥之尸,盛以

---

① 小喜,胜敌之喜,纣之百克是也。
② 大忧在后,故远。
③ 世,继世。
④ 得,谓克楚。《左传》哀元年:"阖庐食不二味,……勤恤其民。"取之,谓此。
⑤ 谓不正其师,以班处宫,复为楚所败。
⑥ 盈,满。没,终。
⑦ 言不失时。
⑧ 言无政德。
⑨ 亟,qì,数。
⑩ 员,yún,子胥名。辟易,狂疾。
⑪ 东门,即今苏州葑门。旧名鳝门,亦曰鲜门。按:《左传》哀十一年:"(子胥)使于齐,属其子于鲍氏,为王孙氏。反役,王闻之,使赐之属镂以死,将死曰:树吾墓槚,槚可材也,吴其亡乎?"《史记》:"子胥将死曰:树吾墓上以梓,令可为器,抉吾眼置之吴东门以观越之灭吴也。"

鸱鵋①,而投之于江。

吴王夫差既杀申胥

吴王夫差既杀申胥,不稔于岁,乃起师北征。②阙③为深沟,通于商④、鲁之间,北属之沂⑤,西属之济⑥,以会晋公午于黄池。⑦于是越王勾践乃命范蠡、舌庸,⑧率师沿海溯淮,以绝吴路,⑨败王子友于姑熊

---

① 鸱鵋,chīyí,革囊。按:《史记》:"(吴王)取子胥尸,盛以鸱夷革。"应劭曰:"取马革为鸱夷,鸱夷榼形。"榼,酒器。扬雄《酒箴》:"自用如此,不如鸱夷。"颜云:鸱夷,盛酒者也。校订者按:鸱鵋,又作"鸱夷"。
② 稔,谷熟。谓后年不至于谷熟而北征。夫差以哀十一年杀子胥,十二年会鲁于橐皋。
③ 阙,通"掘",穿。
④ 商,宋。
⑤ 沂,水名,源出山东沂水县北沂山,南流经临沂市,至江苏邳州市入运河。
⑥ 济,水名,源出河南济源市西王屋山,东南流为猪龙河,入黄河。
⑦ 晋公午,晋定公。黄池,在今河南封丘县西南。黄池会,在鲁哀十三年。
⑧ 蠡,lǐ。范蠡,越大夫,字少伯,楚宛三户人。舌庸,越大夫。按:舌,明道本作"后",《吴越春秋》作"洩",他书或作"浑""曳""渫""泄",皆与"舌"字声相近,是"后"字误耳。
⑨ 顺流而下曰沿,逆流而上曰溯。言循海而逆入于淮,以绝吴王之归路。

吴语第七

夷。[1]越王勾践乃率中军,溯江[2]以袭吴,入其郛[3],焚其姑苏,徙其大舟。[4]吴、晋争长未成,[5]边遽乃至,[6]以越乱告。吴王惧,乃合大夫而谋曰:"越为不道,背其齐盟。[7]今吾道路修远,无会而归,与会而先晋,[8]孰利?"王孙雒曰:"夫危事不齿,[9]雒敢先对。二者莫利。无会而归,越闻章矣,民惧而走,远无正[10]就。齐、宋、徐、夷曰:'吴既败矣。'将夹沟而㐱[11]我,我无生命矣。会而先晋,晋既执诸侯之

---

[1] 王子友,夫差太子。夫差未及反,越伐吴,吴拒之,获太子友。姑熊夷,吴郊。

[2] 江,吴江。在今江苏苏州市吴江区东门外,即长桥下分太湖之流而东出者。古名"笠泽",亦曰"松江"。

[3] 郛,fú,城外大郭。

[4] 或云:焚其姑苏,《吴越春秋》曰"烧姑胥台"。胥、苏,古字通。徙,取。大舟,王舟。

[5] 长,zhǎng,先。成,定。《史记》:"吴王与晋定公争长,吴王曰:'于周室,我为长。'晋定公曰:'于姬姓,我为伯。'赵鞅怒,将伐吴,乃长晋定公。"

[6] 遽,传。或曰:"乃"与"仍"通,谓相继而至也。

[7] 背,bèi。齐盟,同盟。

[8] 先晋,令晋先歃。按:修,今本作"悠",依明道本改。先晋,《吴越春秋》作"前进"。

[9] 王孙雒,吴大夫。齿,年。不以年次对。按:《史记》作"公孙雄"。

[10] 正,适。

[11] 㐱,chǐ,旁击曰㐱。

柄以临我，将成其志以见天子，①吾须之不能，②去之不忍，若越闻愈③章，吾民恐叛。必会而先之④。"

王乃步就王孙雒曰："先之，图之将若之何？"王孙雒曰："王其无疑，吾道路悠远，必无有二命焉。可以济事。⑤"王孙雒进，顾揖诸大夫曰："危事不可以为安，死事不可以为生，则无为贵智矣。⑥民之恶死而欲贵富以长没也，⑦与我同。虽然，彼近其国，有迁；我绝虑，无迁。⑧彼岂能与我行此危事也哉？⑨事君勇谋，于此用之。⑩今夕必挑战，以广民心。⑪请王励士以奋其朋势，⑫劝之以高位重畜⑬，

---

① 以侯伯之礼见天子。
② 须，待。不能待见天子。
③ 愈，益。
④ 先之，吴先晋歃。
⑤ 欲决一计，求先晋。济，成。
⑥ 言人之不能以危易安，以死易生，则何贵于智。
⑦ 恶，wù。长，老。没，终。
⑧ 迁，转退。我绝虑，言去国既远，无恋土之心。
⑨ 言晋不能以死与我争。
⑩ 勇而有谋，正谓今时。
⑪ 挑晋求战，以广大民心，示不惧。
⑫ 朋，群。勉励士卒，以奋激其群党之势，使有斗心。或云："朋"与"冯"通，《方言》："冯，怒也。"言勉励士卒，以奋激其怒也。
⑬ 重畜，宝财。

吴语第七

备①刑戮以辱其不励者,令各轻其死。彼将不战而先我;②我既执诸侯之柄,③以岁之不获也,无有诛焉,④而先罢之,⑤诸侯必说⑥;既而皆入其地;⑦王安挺⑧志,一日惕,一日留,⑨以安步⑩王志。必设以此民也,封于江淮之间,乃能至于吴。⑪"吴王许诺。

---

① 备,具。
② 推我先欲。
③ 为盟主,故执柄。
④ 获,收。诛,责。不责诸侯之贡赋。
⑤ 罢遣诸侯令先归。
⑥ 说,通'悦',喜。
⑦ 入其国境。
⑧ 挺,宽。
⑨ 惕,疾。留,徐。
⑩ 步,行。
⑪ 设,许其劝勉者。以此民封之于江淮之间以诱之,必速至。姚鼐云:设者,虚示其形也。言若不欲急归吴,而以此兵定封略于江淮间者。

越语第八

越王勾践栖于会稽之上

越王勾践栖于会稽之上,①乃号②令于三军曰:"凡我父兄昆弟及国子姓,③有能助寡人谋而退吴者,吾与之共知越国之政。④"大夫种⑤进对曰:"臣闻之:

① 会,同"桧"。《史记》:"越王勾践,其先禹之苗裔,而夏后帝少康之庶子也。封于会稽,以奉守禹之祀。"又,"(吴王)发精兵击越,败之夫椒,越王乃以余兵五千人,保栖于会稽。"山处曰栖,犹鸟栖于木。以避害也。会稽,山名,在今浙江绍兴市东南。越王保于会稽,在鲁哀元年。
② 号,称呼。
③ 号令三军而言父兄昆弟者,方在危厄,亲而呼之。国子姓,言在众子同姓之列者。
④ 知政,谓为卿。
⑤ 大夫种,越大夫,楚郢人。《吴越春秋》云:大夫种,姓文,名种,字禽。荆平王时为宛令。

越语第八

贾人夏则资皮,①冬则资䌷②,旱则资舟,水则资车,以待乏也。夫③虽无四方之忧,然谋臣与爪牙之士,不可不养而择也。譬如蓑笠,时雨既至,必求之。今君王既栖于会稽之上,然后乃求谋臣,无乃后④乎!"勾践曰:"苟得闻子大夫之言,何后之有?"执其手而与之谋。遂使之行成于吴,⑤曰:"寡君勾践,乏无所使,⑥使其下臣种,不敢彻⑦声闻于天王,私于下执事曰:'寡君之师徒,不足以辱君矣,⑧愿以金玉子女,赂君之辱。请勾践女女⑨于王,大夫女女于大夫,士女女于士。越国之宝器毕从。寡君

---

① 贾,gǔ。贾人,买贱卖贵者。资,取。于夏时则皮革贱,故预取之,以备冬之乏。
② 䌷,chī。细葛。《诗·周南·葛覃》:"为䌷为绤。"《传》:"精曰䌷。粗曰绤。"《论语·乡党》:"当暑袗䌷绤。"
③ 夫,fú。
④ 后,晚。
⑤ 《左传》哀元年:"使大夫种,因吴太宰嚭以行成。"
⑥ 乏无所使,犹《左传》云"寡君乏使"也。
⑦ 彻,达。
⑧ 不足以屈辱君亲来讨。
⑨ 以女妻人曰女。《书·尧典》:"女于时。"《孟子·万章》:"使其子九男事之,二女女焉。"

帅越国之众，以从君之师徒，唯君左右①之。'若以越国之罪为不可赦也，将焚宗庙，②系妻孥，③沉金玉于江。④有带甲五千人，将以致死，乃必有偶，是以带甲万人事君也。⑤无乃即伤君王之所爱乎？与其杀是人也，宁其得此国也，其孰利乎？⑥"夫差将欲听与之成，子胥谏曰："不可。夫⑦吴之与越也，仇雠敌战之国也。三江环之，民无所移，⑧有吴则无越，有越则无吴矣，⑨将不可改于是矣。⑩员⑪闻之：陆人居陆，水人居水。夫上党之国，⑫我攻而胜之，吾不

---

① 左右，在君所用之。
② 为将不血食。
③ 死生同命，不为吴所擒虏。
④ 不欲吴得之。
⑤ 偶，对。言五千人人人致死，则一人如二人，故曰"带甲万人事君"。谓与君战，不言战者，逊辞。
⑥ 宁，安。言君虽战而能杀为万人，与安而得越国，二者谁为利乎？
⑦ 夫，fú。
⑧ 环，绕。移，迁徙。三江，岷江、松江、浙江。韦氏云：三江，为吴江、浙江、浦阳江。此言二国之民，三江绕之，迁徙非吴则越。
⑨ 言势不两立。
⑩ 言灭吴之计，不可改易。
⑪ 员，yún。
⑫ 夫，fú。党，所。犹言上国，谓中国。

能居其地，不能乘其车。①夫越国，吾攻而胜之，吾能居其地，吾能乘其舟。此其利也，不可失也已，君必灭之。失此利也，虽悔之必无及已！"越人饰美女八人，纳之太宰嚭，②曰："子苟赦越国之罪，又有美于此者将进之。"太宰嚭谏曰："嚭闻古之伐国者，服之而已。今已服矣，又何求焉！"夫差与之成③而去之。

勾践说④于国人曰："寡人不知其力之不足也，而又与大国执⑤仇，以暴⑥露百姓之骨于中原，此则寡人之罪也。寡人请更⑦。"于是葬死者，问伤者，养生者，吊有忧，贺有喜，送往者，迎来者，去民

---

① 言习俗之异。或云：吴是时未知以车战，申公巫臣，使其子狐庸教之。韦氏云：狐庸教吴，鲁成公时也，至此哀元年，历五公矣。非未知也。吴地势，自习水耳。
② 嚭，pǐ。上言请大夫女女于大夫，故因此而纳美女于宰嚭，以求免。嚭，吴正卿，故楚大夫，伯州黎之子。鲁昭元年，州黎为楚灵王所杀，嚭奔吴。《史记》："勾践乃以美女宝器，令种间献吴太宰嚭。"
③ 成，平。
④ 说，解。
⑤ 执，犹结。
⑥ 暴，pù。
⑦ 更，gēng，改。

之所恶①，补民之不足。然后卑事夫差，宦士三百人于吴，②其身亲为夫差前马③。勾践之地：南至于句无④，北至于御兒⑤，东至于鄞⑥，西至于姑蔑⑦。广运百里。⑧乃致其父母昆弟而誓之曰："寡人闻古之贤君，四方之民归之，若水之归下也。今寡人不能，将帅二三子夫妇以蕃⑨。"令壮者无取⑩老妇，令老者无取壮妻。女子十七不嫁，其父母有罪；丈夫二十不娶，其父母有罪。⑪将免⑫者，以告，公医⑬守之。生

---

① 恶，wù。
② 将三百人以入事吴，若宦竖然。
③ 前马，前驱在马前。
④ 句无，今浙江诸暨市南有句乘山，《括地志》以为即句无。
⑤ 今浙江桐乡市有语兒乡，即古御兒。
⑥ 鄞，今浙江宁波市奉化区有赤堇山，即越之鄞邑。亦曰鄞城山。
⑦ 姑蔑，今浙江龙游县北有姑蔑城，故姑蔑地。
⑧ 广运，犹广轮，"运""轮"声相近。东西为广，南北为轮。按：广运，广行。谓广行于国中百里之地。故下文言"乃致其父母昆弟而誓之"，上文又言"南至句无"等也。
⑨ 蕃，息。
⑩ 取，同"娶"，下同。
⑪ 《周礼》：三十而娶，二十而嫁。今不待礼者，务育民也。
⑫ 免，免乳。按：免乳，谓产子。《汉书》："妇人免乳大故，十死一生。"
⑬ 医，乳医，视产乳之疾者。按：乳医，即今之稳婆。《汉书》："私使乳医淳于衍，行毒药杀许后。"

丈夫，二壶酒，一犬；生女子，二壶酒，一豚。①生三人，公与之母②；生二人，公与之饩③。当室者死，三年释其政；④支子⑤死，三月释其政。必哭泣葬埋之，如其子。令孤子、寡妇、疾疹⑥、贫病者，纳官其子。⑦其达士，洁其居，⑧美其服，⑨饱其食，⑩而摩厉之于义。四方之士来者，必庙礼之。⑪勾践载稻与脂⑫于舟以行，国之孺子之游者，无不餔也，无不歠也，必问其名。⑬非其身之所种，则不食；非其夫人之所织，则不衣⑭。十年不收于国，民俱有三年

---

① 犬，阳畜，知择人。豚，主内，阴类也。
② 母，乳母。
③ 饩，食。
④ 当室，嫡子。三年释其政，谓不烦以事。《礼》：父为嫡子丧三年。
⑤ 支子，庶子。
⑥ 按：疹，今本皆作"疹"。黄丕烈云：疹，即"疢"字。见曹宪博《雅音》。
⑦ 官，仕。仕其子，而教以廪食之。
⑧ 通达之士，则洁其馆舍。
⑨ 赐衣服。
⑩ 廪饩多。
⑪ 礼之于庙，告先君也。
⑫ 稻脂，膏糜。
⑬ 餔，bū。歠，chuò。餔、歠，谓饮食之。问其名，为后将用。
⑭ 衣，yì。

之食。①国之父兄请曰:"昔者夫差耻吾君于诸侯之国,今越国亦节矣,②请报之。"勾践辞曰:"昔者之战也,非二三子之罪也,寡人之罪也。如寡人者,安与知耻,请姑无庸战。③"父兄又请曰:"越四封之内,亲吾君也,犹父母也。子而思报父母之仇,臣而思报君之雠,其有敢不尽力者乎?请复战。"勾践既许之,乃致其众而誓之曰:"寡人闻古之贤君,不患其众之不足也,而患其志行之少耻④也。今夫差衣水犀之甲者,亿有三千,⑤不患其志行之少耻也,而患其众之不足也。今寡人将助天灭之。⑥吾不欲匹夫⑦之勇也,欲其旅进旅退。⑧进则思赏,退则思刑,如此则有常赏。进不用命,⑨退则无

---

① 古者三年耕,必余一年之食。
② 有节度。
③ 姑,且。庸,用。
④ 少耻,谓进不念功,临难苟免。
⑤ 水犀,鼻端有角,形小于象,皮皱、襞坚厚可制甲。亿有三千,言多。
⑥ 言夫差天所不兴,故曰"助天"。
⑦ 匹夫,轻儳要功徼利者。
⑧ 旅,俱。俱进俱退,皆齐一无参差。
⑨ 离伍独进。

耻,①如此则有常刑。"果行,国人皆劝,父勉其子,兄勉其弟,妇勉其夫,②曰:"孰是吾君也,而可无死乎?③"是故败吴于囿④,又败之于没⑤,又郊败之。⑥

夫差行成曰:"寡人之师徒,不足以辱君矣。请以金玉子女,赂君之辱。"勾践对曰:"昔天以越予⑦吴,而吴不受命;今天以吴予越,越可以无听天之命,而听君之令乎?吾请达王甬句东,⑧吾与君为二君乎。⑨"夫差对曰:"寡人礼先壹饭矣,⑩君若不忘周室,而为弊邑宸宇,⑪亦寡人之愿也。君若曰:'吾将残汝社稷,灭汝宗庙。'寡人请死!余何面目以视于天下乎!越君其次⑫也。"遂灭吴。

---

① 不畏戮辱。
② 言得一国之欢心。
③ 孰,谁。谁有恩惠如是君者,可不为之死乎?
④ 囿,笠泽。在鲁哀十七年。
⑤ 没,地名。
⑥ 在鲁哀二十年十一月,越围吴。
⑦ 予,yǔ,下同。
⑧ 甬句东,《左传》作"甬东";即今浙江舟山岛。达王出之东境。
⑨ 待之若二君。
⑩ 言己年长于越王,觉差一饭之间,欲以少长求免。
⑪ 宸,屋溜。宇,屋边。言越君若以周室之故,以屋宇之余,庇覆吴。
⑫ 次,舍。

图书在版编目（CIP）数据

国语 / 叶玉麟选注；陈晓强校订. —北京：商务印书馆，2018
（学生国学丛书新编 / 王宁主编）
ISBN 978-7-100-15628-8

Ⅰ. ①国… Ⅱ. ①叶… ②陈… Ⅲ. ①中国历史—春秋时代—史籍 ②《国语》—注释 Ⅳ. ① K225.04

中国版本图书馆CIP数据核字（2017）第297823号

权利保留，侵权必究。

学生国学丛书新编
国语
叶玉麟　选注
陈晓强　校订

商　务　印　书　馆　出　版
（北京王府井大街36号　邮政编码100710）
商　务　印　书　馆　发　行
北京通州皇家印刷厂印刷
ISBN 978 - 7 - 100 - 15628 - 8

2018年9月第1版　　开本 787×1092　1/32
2018年9月北京第1次印刷　印张 4¼
定价：22.00 元